KB197824

기후여행자

여행, 멈출 수 없다면 바꿔야 한다   임영신 지음

기후여행자

기후위기 시대의 새로운 여행

2024년 가을, 태국 국경지대 미얀마 여성난민학교와 함께하는 평화캠프를 위해 다다른 치앙마이는 밤새 쏟아진 폭우로 도시 곳곳이 물에 잠기기 시작했다. 우기를 피해 정한 일정이었건만 기후변화로 인해 쏟아진 폭우는 100년 만의 홍수를 기록하며 10만여 채의 집들을 집어삼켰다. 구글맵에서는 실시간으로 도시의 침수 지역과 통제된 길들을 업데이트해 주었다. 여행자들은 침수를 피해 높은 건물들이 많아 안전한 님만해민 지역으로 숙소를 옮기기 시작했다.

호텔마다 만실을 기록한 님만해민 거리는 이내 여행자들로 그득해졌다. 홍수 소식에도 추석연휴를 보내기 위해 도착한 한국 여행자들의 목소리도 곳곳에서 들려오기 시작했다. 여행자 카톡방에서는 홍수에도 열리는 야시장은 어디인지, 여전히 수영장을 쓸 수 있는 숙소는 어디인지를 묻는 이야기들이 오갔다. 그러나 침수에 이어 단전, 단수까지 이어지는 재난의 도시 한가운데서 '마실 물이 사라져가는데 여행자들이 수영장을 즐기는 것은 온당한가?'와 같은 질문을 던지는 이는 아무도 없었다.

기후재난으로 강 주변 저지대의 가난한 집들부터 물에 잠기기 시작한 재난 상황에서도, 수영장과 에어컨이 있는 숙소에 머물며 불빛이 반짝이는 야시장을 즐기는 여행자들이 거짓말처럼 공존했다. 기후위기의 가파른 기울기와 기후재난의 넘을 수 없는 경계를 선명하게 마주하던 치앙마이의 밤은 새로운 질문들 앞에 멈추어 서게 했다. '기후위기 시대, 지금처럼 여행을 지속해도 괜찮은 것일까?', '홍수와 재난 속에서도 여행을 멈출 수 없다면 앞으로 우리의 여행은 어떤 여행이어야 할까?' 이 책은 그 물음들에서 시작된 여정이다.

자고 일어나면 기후위기 소식이 홍수처럼 쏟아지는 날들, 정답이라 믿으며 걸어온 길들이 모두 흔들리고 무너지며 어디로 가야 할지 모를 '길 잃기의 시간', 선명한 것은 길을 잃었다는 감각뿐이다. 가야 할 곳이 명확한 여행자는 지도의 축적을 좁혀 점과 점을 연결해 최단 거리로 목적지를 향해 나아간다. 그러나 길 잃기의 시간에 다다른 여행자는 길을 멈추고 지도의 축적을 넓혀 지나온 길을 돌아보고, 나아갈 길을 내다보아야 한다. 내 위치는 어디인지, 어디서부터 잘못된 것인지, 어느 방향으로 다시 나아가야 하는지…. 경로를 재탐색하기 위한 멈춤과 질문의 시간이 없다면 새로운 길 찾기는 불가능하기 때문이다.

여행이 그려가는
새로운 세상의 지도

때로 여행은 다른 장소가 아니라 다른 세계로 우리를 데려다주기도 한다. 2003년, 반전평화운동을 위해 도착한 이라크에서 마주한 세계는 죽임과 폭력이 난무하는 한편, 전쟁의 두려움 속에서도 서로를 돕고 돌보는 일을 멈추지 않는 평화와 환대의 공동체였다. 이라크에서 시작된 여행은 인도네시아 아체, 티벳, 팔레스타인, 민다나오, 태국 국경지대 등 아시아의 분쟁지역으로 삶을 이끌었다. 경계를 넘는 여행자가 되어 마주한 세상의 풍경은 늘 빛과 그늘이 공존하는 것이었다. 세상 곳곳에서는 전쟁만이 아니라 개발과 관광의 이름으로 마을과 지역이 점령되고 누군가의 삶이 송두리째 뽑혀 나가기도 했다. 아름다운 곳을 보여주기 위해 가장 아름다운 숲이 베어져 나가고, 사람의 비행을 위해 철새들의 터전이 파괴되고, 동물을 보고 싶은 이들을 위해 동물이 고통당해야 했다.

양날의 검과도 같은 여행의 이면을 마주한 시간들은 '공정한 여행은 가능한가?'라는 질문으로 이어졌다. 가치와 대안의 키워드로 희망을 발견하는 여행자들의 걸음은 『희망을 여행하라』라는 한 권의 책이 되어 '공정여행'이라는 첫길을 열어왔다. 히말라야 포터들의 인권을 지키는 여행, 팔레스타인의 올리브 숲을 지키는 여행, 학대받는 코끼리를 지키고 돌보는 여행, 공정무역 커피를 추수하는 여행…. 새로운 여행자들이 발견한 희망의 이야기들은 가치와 대안의 키워드로 다른 세상의 지도를 그려가기 시작했다. 함께 걷는 이들이 많아지며 공정여행은 사회적 기업이 되고, 교과서가 되었다. 서울 등 24개가 넘는 도시에서는 오버투어리즘의 대응책으로 공정관광 조례를 신설하기도 했다. 화성을 비롯한 몇몇 도시는 공정여행 시티투어를 운행했다. 이처럼 공정여행은 개인의 실천을 넘어 제도와 정책으로 성장해 갔다. 그러나 동시에 대량소비에 기반한 대량관광, 지구 온도를 상승시키는 탄소배출량 역시 가파르게 증가했다.

2024년 5월 6일 하와이 마우나 로아의 관측소에서 측정한 이산화탄소 5월 평균 농도는 426.9ppm으로 관측 사상 최고치를 기록했다. 30년 단위로 지구의 기후변화를 측정하고 데이터를 발표하는 미국국립해양대기청의 기후위기 진단 5가지 지표(이산화탄소, 기온, 북극해빙, 빙하 면적, 해수면) 역시 모두 임계점을 넘어섰다. 그리고 마침내 유럽연합은 2024년 6월, 이미 지구 온도가 1.65℃ 상승했다고 발표했다. '공정한 여행은 가능한가?'라는 질문에서 시작된 길 찾기는 이제 '기후위기 시대, 여행은 가능한 것인가?'라는 더 큰 질문 앞에 서 있었다.

여행, '어떻게'에서 '얼마나'의 문제로

지구온난화가 가속되는 동안, 여행 인구 역시 급속도로 늘어났다. 유엔세계관광기구는 2030년까지 여행자가 18억 명에 다다를 것으로 예견한다. 저가항공과 공유숙박 등 여행의 이동성과 편의성이 높아지면서 도시관광 인구는 70% 이상 급증했다. 에어비앤비가 소유한 세상의 방들이 호텔보다 많아지면서 전형적인 주거지가 관광지로 바뀌고 골목과 광장, 마을과 일상까지 관광에 점령당하는 오버투어리즘을 감당해야 했다. 오랫동안 뿌리내리고 살아온 주민들이 오르는 집세를 견디지 못해 삶의 터전에서 쫓겨나는 투어리스티피케이션Touristificatio을 겪으며 세계 곳곳에서는 오버투어리즘에 반대하는 거센 저항이 나타났다. 2024년 바르셀로나에서는 시민들이 관광객을 향해 물총을 쏘는 일이 펼쳐지기도 했다. 문제는 기후위기와 오버투어리즘 모두 한 국가나 도시의 노력만으로 해결 불가능한 난제라는 것이다.

그렇다면 '기후위기 시대, 우리는 여행을 멈추어야 하는 것일까?'라는 근원적 질문에 도착하게 된다. 실제로 앞서 말한 2가지 문제가 해소된 유일한 순간은 코로나 팬데믹 시기, 모두가 여행을 중단한 멈춤의 시간이었다. 거대한 관광 크루즈가 멈춘 뒤 베니스 운하의 물이 맑아지고 대기오염이 사라지면서 시민들의 삶의 질이 회복되었다. 인도 북부에선 30년 만에 대기오염이 걷히며 히말라야 설산이 나타나기도 했다. 그러나 멈춤은 해결이 아니라 더 큰 갈증을 불러오는 일이었다. 멈춤의 시간을 견뎌낸 사람들은 더 이상 여행 없는 삶으로 돌아갈 수 없음을 절감했다. 동시에 다시 여행을 빼앗길 수 있는 시간이 올 수도 있음을 감각하게 되었다.

관광업계에서도 여행에 대한 사람들의 갈증과 감각을 감지해 새로운 마케팅을 시작했다. 빙하가 녹아버리기 전, 히말라야의 만년설이 사라지기 전, 대산호초가 멸종되기 전, 지구의 마지막 아름다움을 경험할 수 있는 기회를 놓치지 말라는 라스트찬스 투어리즘Last Chance Toursim이 등장한 것이다. 거짓말처럼 남극여행이 급증하고, 히말라야에서 교통체증이 나타나고, 오로라를 보기 위한 크루즈 투어는 예약조차 어렵다. 죽어가는 지구의 신음과 그 모습이 사라질까 미친 듯이 달려가는 오버투어리즘이 공존하는 세계, 아름다운 것을 보기 위해 아름다운 곳을 파괴하는 여행의 뒷모습이 현재 우리가 서 있는 좌표인 것이다.

기후위기 시대, 지구와 공존하고 지역을 존중하는 여행자가 되기 위해 가장 필요한 것은 지구의 시선으로 우리의 여행을 돌아보는 새로운 감각이다. 『우리가 날씨다』의 작가 조너선 포어에 의하면 '결정'이란 단어는 '잘라내다'라는 뜻을 가진 라틴어 데시데레DESIDERE에서 온 말이다. 우리가 지금 처한 가장 큰 문제가 기후위기라면 그 '위기'를 극복하기 위해서는 삶에서 중요하다고 생각했던 것들을 잘라내고 덜어내야 하는 결정의 시간을 피할 수 없다.

인류의 10%가 탄소의 50%를 배출하며 마음껏 먹고 마시는 세계, 1%의 부유층이 항공기 온실가스 배출의 50%를 차지하며 미친 듯이 여행을 다니는 세계에서 우리는 무엇을 덜어내고 잘라내야 하는 것일까? 국제구호개발기구 옥스팜은 『2024 기후불평등보고서』에서 인류가 산업혁명 대비 1.5℃ 상승을 막으려면 2030년까지 모든 영역에서 탄소배출량을 50% 절감해야 한다고 경고했다. 우리에게 남겨진 선택지가 여행을 포함한 삶의 모든 영역에서 탄소배출량을 50% 감축하는 것밖에 없다면 여행에 대한 우리의 물음 역시 근원적으로 달라져야 한다. 여행은 이제 '어디로'와 '어떻게'의 문제를 넘어서 '얼마나'의 문제로 나아가야 한다는 뜻이다. 지구는 무한하지 않으며 우리는 이미 임계점을 넘어서고 있기 때문이다.

많은 이들이 팬데믹의 시간을 건너며 여행 없는 삶의 고통과 여행의 소중함을 동시에 느꼈다. 그 멈춤의 시간에 우리가 잘라내고 덜어내야 했던 것은 기후위기에 대한 어떤 책임도 없는 남반구 사람들의 탄소예산을 강탈하는 여행, 재난과 고통을 그들에게 전가하는 제국적 생활양식이 아니었을까? 지금처럼 과잉소비와 과잉관광으로 지구의 생태적 한계를 위협하는 제국적 생활양식을 버릴 수 없다면 우리는 결국 자기 꼬리를 먹는 신화 속의 뱀, 우로보로스처럼 아름다운 곳을 보기 위해 아름다운 곳을 파괴하며 지속불가능한 지구로 스스로를 데려갈 것이다. 그러니 이제 여행을 멈출 수 없다면 바꿔야한다.

우리는 모두 기후여행자

이 책에서는 기후위기와 오버투어리즘 속에서 길을 잃은 여행자에게 1.5℃ 기후여행이라는 작은 이정표를 제안한다. 1.5℃ 기후여행은 여행을 통해 현지인과 여행자가 함께 생태적으로 안전하고 사회적으로 정의로운 지역과 장소를 만들어 가는 기후위기 시대의 공정여행을 의미한다. 제로투어리즘과 오버투어리즘 사이 지구의 생태적 한계선을 지키며 지역의 사회적 수용력을 넘어서지 않는 여행,

여행에서 우리가 남기는 영향력을 돌아보며 여행의 총량을 조정하는 적정관광에 기반한 여행이기도 하다.

무엇보다 1.5℃ 기후여행은 여행을 통해 만들어진 경제적 영향이 지역사회에 순환되어 사회적 최저선을 높이는 여행, 환경적 기여를 통해 무너진 숲이 회복되고 더 많은 자연의 재야생화가 일어나는 여행, 사회적 연결을 통해 지역과 삶이 지켜지고 사라져가는 문화가 보전되는 여행을 뜻한다. 기후위기 시대, 지금까지의 여행을 돌아보며 새로운 여정을 향해 나아가고 싶은 여행자들에게 도착점이 아니라 출발점이 되었으면 하는 마음이다.

1장과 2장에서는 먼저 지금 시대에 여행이 서 있는 자리를 돌아보려 한다. 어디서 길을 잃고 어떻게 다시 찾아야 하는지 알기 위해서는 새로운 탐색을 위한 넓은 축척의 지도가 필요하기 때문이다. 1%의 부자들이 항공에서 배출하는 탄소의 50%를 차지하는 불평등한 세계의 구조를 살펴보고, 우리의 여행이 어떻게 지구를 보다 생태적이며 사회적인 곳으로 바꾸어 갈 수 있을지 알아본다.

3장에서는 오버투어리즘 문제를 들여다본다. 팬데믹이 끝난 뒤 다시 돌아온 오버투어리즘에 대한 보도와 진단은 홍수를 이루지만 문제 해결에 대한 언급은 찾아보기 어렵다. 2024년 세계 최초로 도시입장료 제도를 시작한 베니스, 에어비앤비 없는 도시를 선언한 바르셀로나, 그리고 2025년 최초의 탄소중립 도시를 향해 나아가는 코펜하겐 등 길 위에서 마주한 변화와 대안을 살펴본다.

4장에서는 지구를 위한 1.5℃ 기후여행에 대한 구체적인 방법들을 제안한다. 여행에 대한 인식의 변화가 행동의 전환으로 나아갈 수 있도록 구체적인 여행 키워드와 연결 플랫폼에 대한 정보를 나눈다. 기후여행을 위한 준비 단계부터 저탄소 여행을 어떻게 계획할지, 어떻게 이동하고, 무엇을 먹고, 어디에 묵어야 할지 등등 여행 경로를 따라 하나하나 짚어보려 한다. 막연한 계획은 우리를 어디로도 데려가지 못한다. 전환의 걸음을 놓아가기 위해서는 구체적이고도 새로운 경로를 탐색해야 한다.

5, 6, 7장은 4장에서 언급한 여행 방법을 바탕으로 자신만의 길을 찾아간 기후여행자들의 이야기를 다룬다. 이들은 특정한 주제와 관심사를 키워드로 새로운 여행 지도를 그려냈다. 기후여행자는 배낭이나 캐리어를 챙겨 다른 도시와 지역으로 떠난 이들만을 가리키지 않는다. 자신이 거주하는 지역에서 여행객을 맞이하는 사람들과, 일상으로 돌아온 뒤에도 여행에서 깨우친 것을 실천하는 이들 모두 기후여행자라고 부를 수 있다.

5장에서는 제로웨이스트와 비건을 키워드로 마을과 세상을 여행하는 '제비여행'을 소개한다. 발리의 바다를 뒤덮은 쓰레기와 그것을 해결하기 위한 사람들의 노력, 연희동에서 비건 지향의 삶을 살아갈 수 있도록 해주는 마을 가게들을 연결하고 소개한 시도가 담겨 있다.

6장에서는 덜 자주, 더 깊이, 더 오래 여행할 수 있는 방법을 소개한다. 만남과 공존의 즐거움을 누릴 수 있는 여행을 제안하고, 그러한 여행으로 자신의 삶을 바꾼 여행자들의 목소리도 담았다. 로컬과 여행자를 연결시키는 여행사, 남녀노소 함께 즐길 수 있는 커뮤니티 공간을 만날 수 있다.

마지막 7장에서는 무너지는 자연환경과 사라져가는 생물 종 다양성을 회복하는 네이처 포지티브 여행을 살펴본다. 기후위기 시대를 극복하기 위해서는 인간의 탄소배출량을 50% 절감해야 하는 건 물론이고, 나머지 절반을 감당하는 자연을 회복하고 재야생화하는 것도 중요하기 때문이다. 기후여행을 통해 우리가 도착하려는 장소는 지구의 생태적 한계를 침범하지 않으며 사회적으로 정의로운 공간이다.

덧붙여 이 책은 국내보다 해외 사례를 중점적으로 다루고 있음을 밝힌다. 2024년 상반기 해외로 떠난 국내 출국자는 이미 코로나 이전의 93%에 달한다. 2024년 전체 출국자는 3천만 명을 넘어설 것이다. 항공여행을 피할 수 없는 한국 여행자의 경우 탄소배출량이 클 수밖에 없는 만큼, 독자들이 이와 관련해 더욱 공감하고 함께 대안을 만들어 가길 소망해 본다.

기후위기와 오버투어리즘이라는 거대한 문제에 견주면 대안과 전환의 걸음은 작고 미약하다. 개인의 실천으로 그 큰 문제를 해결할 수 있을지 늘 막막함의 벽 앞에 멈추어 서게 된다. 기존의 여행에 익숙한 여행자들에게 기후여행자가 되어 보자는 초대는 낯설고 불편한 것일 수도 있다. 그러나 지금 우리가 선택하는 한걸음이 지구 온도 상승을 1.5℃ 이내로 막아낼 유일한 길이라면, 우리의 작고 사소한 선택들이 거대한 변화를 만들어 낼 유일한 길이라면, 낯설고 불편한 감각이 새롭고 의미 있는 감각으로 전환될 수 있지 않을까?

밀란 쿤데라는 "우리의 뇌에는 시적 기억이라 부를 수 있는 아주 특별한 영역이 있다"고 했다. 그곳에는 우리를 감동시킨 것들, 아름다운 것을 경험한 기억들이 저장된다. 깊은 여행은 우리 안에 그렇듯 기억의 지문을 남긴다. 1.5도씨 기후여행을 통해 지구와 지역의 아름다움을 공유한 여행자들은 그곳이 무너지고 스러져 갈 때 연결된 마음을 연대의 걸음으로 치환해 갈 것이다. 여행은 우리에게 단지 추억이 아니라 사회적 장소감을 공유해 주는 일이기 때문이다. 기후위기 시대, 기후여행자들의 새로운 여행이 지구와 지역을 지키고 공존하는 삶으로 나아가는 전환의 출발점이 되기를 소망해 본다.

질문 하나에서 시작된 미로 같은 여정을 가지런한 책으로 빚느라 고생한 열매하나 편집부에 깊은 고마움을 전한다. 그 질문을 깊이 밀어갈 수 있도록 박사과정 연구를 지원해 주신 숲과나눔 재단에도 감사드린다. 무엇보다 오랜 시간 깊은 평화의 여정, 경계를 넘고 국경을 넘는 험한 여정들을 늘 함께해 온 이매진피스 소중한 벗들에게 존경과 감사를 보낸다. 마지막으로 오랜 부재에도 항상 새로운 여정을 따뜻하게 응원해 주는 가족들과 더불어숲 공동체 식구들에게 생으로 다 갚을 수 없는 감사를 전한다.

1장

여행할 수 없는
시대의 여행

여행자, 그 모순적 존재

인천공항에 도착할 때면 이렇게나 많은 사람이 여행을 하고 있다는 사실에 새삼 놀라곤 한다. 여행은 이제 한없이 쉬운 것이 되었다. 언제나 인터넷과 연결된 우리는 스마트폰 터치 몇 번이면 누구나 낯선 도시로 날아갈 수 있는 여행의 시대에 도착해 있다. 손끝으로 지구 반대편의 골목길을, 내가 묵을 공간과 동네를, 가고 싶은 식당의 리뷰를 살펴보며 여행을 떠나기 전 이미 많은 것들을 결정해 둔다. 더 이상 낯선 길을 헤매거나 거리에서 누군가를 붙들고 길을 찾을 필요가 없다.

유튜브에는 매일 새로운 여행 정보가 넘쳐나고, 구글맵은 골목과 거리, 찾아갈 식당의 메뉴와 영업시간까지 실시간으로 반영해 세계를 촘촘하게 연결해 준다. 비접촉 결제 시스템인 컨택리스 트래블 카드가 출시되면서 환전조차 필요 없어졌다. 여행은 그저 떠나기로 결정만 하면 되는 일인 것이다. 그러나 동시에 쏟아져 나오는 기후위기 뉴스들과 팬데믹에 관한 기억들은 여행 가방을 꾸릴 때마다 마음 한편을 묵근하게 만든다. 우리는 정말 지금처럼 여행을 지속해도 괜찮은 것일까?

이 질문에 대한 답은 사실 하나가 아니다. 여행의 지속가능성은 지금 우리의 여행이 어떤 영향을 남기는가에 따라 한없이 달라진다. 여행은 긍정적 영향과 동시에 부정적 영향도 함께 남기는 '양날의 검' 같은 것이기 때문이다. 세상의 모든 영역에서 탄소배출을 줄여야 한다면 여행 역시 예외일 수 없다. 관광산업은 전 세계 탄소배출량의 8~12%를 차지하고 있기 때문이다.[1]

세계 170개국 이상이 참여한 2021년 '글래스고 선언'에 의하면 관광 부문에서도 2030년까지 탄소배출을 50% 감축해야 한다.[2] 이를 개인에게 적용하면 약 2.5톤에 해당한다. 그러나 2021년 전 세계 1인당 평균 탄소배출량만 해도 벌써 4.6톤을 넘어섰으며, 한국의 경우 14톤으로 세계에서 5번째로 1인당 탄소배출량이 높았다. 지금처럼 1년에도 몇 번씩 여행을 떠나는 일상을 유지하며 탄소배출을 감축하는 것이 가능한 일일까? 특가 항공권 알림을 걸어 두고 일단 저렴한 티켓을 산 뒤 무엇을 할지 결정하는 싸고 편한 여행의 시대이다. 추울 정도로 냉방이 되는 5성급 호텔의 인피니티 풀과 파인다이닝을 즐기면서, 침대 시트나 수건 교체를 한두 번 덜 하거나 대나무 칫솔을 쓰는 일만으로 여행을 지속할 수 있을 것인가?

결론부터 말하자면 그것은 불가능하다. 1년 내내 텀블러와 실리콘 빨대를 쓰고 무포장을 실천해도 장거리 편도 비행 한 번이면 3~4톤의 탄소를 배출해 버리기 때문이다. 영국의 관광개발 감시 NGO인 투어리즘 컨선Tourism Concern은 여행자가 현지인보다 20~30배의 물과 전기를 사용하고, 하루 3.5kg의 쓰레기를 남긴다고 밝힌다.[3] 또한 유엔기후변화협약UNFCC은 매일 침대 시트를 갈고 인피니티 풀에서 수영을 즐기는 호텔 여행에서는 하룻밤 80kg의 탄소를 배출한다고 말한다.[4] 휴가는 1년 중 며칠일 뿐이지만, 탄소배출량 기준으로 살펴보면 단 한 번의 장거리 비행으로 연간 배출 허용량의 50%에 육박하는 탄소를 소비할 수도 있다.

그렇다면 팬데믹 때처럼 여행 없는 세계로 다시 돌아가야 할까? 만약 여행 없는 삶으로 돌아갈 수 없다면 우리의 여행은 어떤 것이어야 할까? 우리에게 여행은 어떤 의미가 있는 것일까?

어떤 장소에 연결되어 있다는 감각

인문 지리학자 이 푸 투안은 우리가 어떤 장소에 대해 연결되어 있다는 감각을 '장소감'이라고 명명한다. 어떤 공간이 자기에게 친숙한 곳이 될 때, 다시 말하면 한 번 와 보고, 두 번 와 보고, 세 번 와 보는 경험이 쌓이면, 추상적인 공간이 친밀하고 의미 있는 장소로 바뀌어 간다. 어린 시절 깃들었던 마을과 골목, 한동안 머물렀던 장소의 숲과 바다를 떠올릴 때면 존재 어딘가에 내장된 그곳의 기억이 살아오며 여전히 그 장소와 연결되어 있는 듯한 감각을 느끼는데, 이 감정이 장소감이라는 것이다. 그는 모든 사람이 감정을 가지고 장소를 대하며, 장소감은 반드시 장소에 대한 사랑을 낳는다고 한다.[5]

장소와의 연결감은 그 공간에서 보낸 시간과 기억의 질량에 비례해서 생성된다. 지리학자 에드워드 렐프는 그런 장소가 과도한 개발로 지역성을 잃거나 재난으로 인해 원형이 무너지게 되면 '장소 상실'을 경험한다고 말했다. 내 삶에 연결된 한 장소가 사라지는 것, 그곳이 파괴되고 변형되는 걸 보면 나와 연결된 소중한 것들이 무너지고 사라지는 감각을 느끼게 된다. 특정 장소를 마치 내 삶의 일부인 것처럼 느끼는 건 누구나 갖고 있는 경험이다. 소설 『리스본행 야간열차』의 주인공 그레고리는 "우리는 어떤 장소로 떠나면서 우리의 일부분을 남긴다. 떠나더라도 우리는 그곳에 남는 것이다. 우리 안에는, 우리가 그곳으로 돌아가야만 다시 찾을 수 있는 것들이 그곳에 존재한다"[6]고 이야기한다.

여행도 삶도 장소에서의 일이다. 우리가 여행을 떠나 도착하는 곳은 무인도가 아니라 누군가의 마을과 골목, 삶의 소중한 장소들이다. 여행은 만남과 공존의 시간을 통해 기억의 지문을 남기고 연결의 감각을 생성한다. 제주의 비자림로 숲이 베어지고 스러질 때, 월정리 아름다운 바닷가가 온갖 상업 공간으로 뒤덮여 갈 때, 쉼과 휴식을 얻었던 발리 해변이 쓰레기로 뒤덮여 걸을 수조차 없는 땅이 되었을 때 풍경의 원형을 기억하는 여행자들은 분노에 이르기도 한다. 그러나 개인적 장소감만으로는 그곳이 파괴되고 무너지는 것을

돌로미티 산정에서 지도를 펴고 길을 찾는 여행자.

지켜낼 수 없다. 무언가를 지키고, 파괴에 맞서려면 그 장소와 연결된 사회적 기억의 집합, 즉 '사회적 장소감'이 필요하다.

제주 제2공항 예정지로 가는 도로 확장을 위해 무참히 베어진 비자림로 숲 한편에서 오두막을 짓고 숲을 지켰던 예술가 그린 씨는 사람들을 맞이하며 이렇게 말했다. "스러지고 무너지며 우리는 말해요. 울어요. 지켜요." 독립영화 〈수라〉에서 환경운동가들이 끊임없이 사람들과 함께 갯벌로 나가는 여정을 지속한 이유, 사람들이 세월호 학생들이 머물렀던 안산과 이태원 참사 현장을 찾아가는 이유도 그곳에 몸으로 다다르지 않으면 공유할 수 없는 기억들이 존재하기 때문이다. 경계를 넘어 마주한 사람과 장소, 그곳에 깃든 이야기에 귀 기울일 때 고립되었던 기억은 여행자를 통해 사회적 기억으로 공유되기 시작한다. 그 여정을 통해 우리는 비로소 '사회적 장소감'에 다다르게 된다.

여행, 존재의 일부를 그곳에 두고 오는 일

여행이 선물해 주는 사회적 장소감은 그곳에 깃든 인간뿐만 아니라 모든 생명들의 삶과 숨을 지키는 마음으로 나아가게 한다. 『나의 지구를 부탁해』의 저자 데이브 부클리스는 우리가 기후위기로 죽어가는 지구를 지키길 원한다면, 누군가에게 쓰레기나 에너지 문제로 훈계하기 전에 그 사람과 '지구의 아름다움을 맞이할 수 있는 가장 아름다운 장소'로 향하라 권한다.[7] 또한 무심히 살아가던 걸음을 멈추고 빛나는 바다로 나아가 노을을 마주할 때, 우주를 쏟아내는 듯한 은하수를 맞이할 때, 저녁노을 지는 강에 서서 숲의 목소리에 귀 기울일 때, 인간과 우주 사이의 경계가 투명해지는 '얇은 곳'에 도착한다고 말한다. 이처럼 여행의 신비를 통하여 '얇은 곳'에 도착해 '풍경의 신성'을 본 사람은 연결과 감각을 회복하며 공존으로 나아가는 법을 배우고 익히게 된다.

순록이 뛰어 노는 들판과 오로라가 펼쳐지는 설원에서 원주민인 사미족과 함께 머무는 여행을 경험한 사람들은 광산 개발로 인해 그들이 터전을 잃고 아름다운 그린란드가 사라져가는 것을 그저 지켜만 볼 수 없다. 히말라야의 장미색 새벽빛이 빙벽에 번지는 아름다운 순간을 마주했던 사람은 히말라야의 빙하가 소멸해 가는 것을 그저 관망할 수만은 없다. 바닷속 산호의 신비를 마주한 사람은 산호의 90%가 하얗게 죽어가는 바다의 죽음을 무심히 바라볼 수 없다. 제주의 오름을, 곶자왈 숲을, 제주 사람과의 만남을 소중하게 간직한 사람들은 과잉개발과 과잉관광으로 숲이 사라지고 사람들이 터전에서 쫓겨나는 것을 외면할 수 없는 마음의 자리에 다다르게 된다.

우리가 어딘가에 깃드는 일은 그 장소와 관계 맺는 일이고 지구의 일부와 연결되는 일이며 종국엔 나의 일부를 그곳에 두고 오는 일이다. 기후위기 시대, 아름다운 것들을 찾아 나선 우리의 여행은 결국 그 아름다운 것들이 훼손되는 시대의 끝자리에서 '기억의 책임'을 나누어 가지는 여정으로 나아가게 한다. 그 연결을 통해 사회적 장소감과 기억의 책임을 나누어 가진 여행자들은 무너지고 스러져가는 풍경의 신성을 지키기 위해 기꺼이 기후행동에 참여하게 될 것이다.

'이미'와 '아직' 사이의 시간

지난봄 그리스로 여행을 떠났던 동료들은 폭염주의보로 인해 낯선 도시에서 발이 묶였다. 떠나기 전 폭염 소식을 접하긴 했지만 온 도시에 사이렌 경보음이 울리는 수준까지는 미처 가늠하지 못한 것이다. 기후위기 시대, 낯설고 이상하기만 했던 것들이 어느새 익숙하고 당연한 것이 되어간다. 그리스의 폭염이나 유럽의 가뭄, 텍사스의 혹한, 호주의 산불, 발렌시아의 홍수와 한국의 이상 기온과 같은 소식은 이제 더 이상 속보가 되지 못한다. 그저 매일 보도되는 지구촌 소식의 한 꼭지일 뿐이다. 산업혁명 이후 화석연료에 기반한 인간의 활동이 지구를 얼마나 가파르게 달구어 왔는지를 보여주는 온난화 그래프는 이제 상식이 되었다.

위기는 느리게 다가왔지만 확실한 재난으로 일상에 파고들었다. 꼬리에 꼬리를 문 전쟁 소식은 밤낮없이 타오르는 유전의 불꽃마냥 그칠 줄 모른다. 아침이면 미세먼지 지수를 체크한 뒤 옷을 고르듯, 여행지를 선택하기 전 폭염과 가뭄, 산불과 지진 소식 들을 확인하고 항공편의 운항과 호텔의 운영 여부를 알아보는 것은 그저 여행의 수순이 되어가고 있다. 위기는 지구 위 어디에나 존재하고 팬데믹 이후 어렵게 되찾은 여행의 시간이 언제 다시 멈추어 설 지 모르기 때문이다. 사실 이전에도 밤낮없이 돌아가는 공장처럼 지구를 착취하며 혹사해 온 과잉생산, 과잉소비, 과잉폐기 시스템이 한계에 다다랐음을 알려주는 징후들은 도처에 존재했다. 다만 기후위기가 모든 일상을 멈추고, 학교를 마비시키고, 국경을 통제하고, 결혼과 장례마저 막아서는 현실은 미처 상상하지 못했을 뿐이다.

어쩌면 여행의 본질은 러닝머신 같은 삶에서 내려와 멈춤에 다다르는 일이다. 낯선 도시에서 익숙했던 방향 감각이 모두 사라지는 '길 잃기의 시간'에 우리는 비로소 방향을 찾기 시작한다. 어디에서 와서 무엇을 향해 나아가고 있는지, 무엇을 위해 그토록 미친 듯이 달려가고 있는지, 발길 닿는 대로 낯선 골목과 거리를 걸으며 길을 찾는 감각을 스스로 복원한다. 지금 우리가 마주하고 있는 이 거대하고 막막한 길 잃기의 시간 속에서 지구는 우리에게 이야기하고 있는지도 모른다. "앉아라, 조용히 그리고 들어라." 시인 루미의 한 구절 시편처럼.

드러나는 징표들은 지구의 여정이 '이미' 기후위기에 다다랐음을 가르쳐 준다. 그러나 우리는 '아직' 지구의 종말에 다다르지 않았다. 지금 우리가 서 있는 곳은 '이미'와 '아직' 사이의 시간, 어디에서 출발해 어디로 나아가고 있는지 돌아보며 다른 선택을 향해 나아갈 마지막 기회의 시간이다. 종말론적 시간은 다급하고 위급한 시간이기도 하지만 공항에 도착한 여행자의 시간처럼 멈춤에 다다른 유보의 시간이기도 하다. 바쁜 일상 속에서 간신히 짐을 싸고 탈출하듯 공항에 들어서는 순간, 이미 어딘가에 도착한 마음에 다다르고 만다. 아직 그곳에 도착하지 않았으나 이미 여행의 시간은 시작되었기 때문이다.

전 세계의 이상 기후

2022년 여름, 매해 20cm씩 녹아내리던 알프스 빙하가 무너져 여행자들이 조난을 당하는 사고가 일어났다. 스위스 정부는 해빙을 늦추기 위해 축구장 14개 면적에 방수포를 덮어 빙하를 보호했다.[8] 이런 현상은 스위스에서 그치지 않는다. 국제통합산악개발센터ICIMOD는 네팔의 빙하가 10여 년 전인 2010년에 비해 65% 더 빨리 녹고 있으며, 이 속도대로라면 21세기 말 히말라야 빙하의 85%가 사라질 것으로 예측했다.[9] 관광객을 위해 늘린 도로는 산사태를 유발하고 관광객의 이산화탄소배출은 해빙을 더욱 가속화한다. 네팔 정부는 기후변화로부터 산과 빙하를 보호하기 위해 등정인원 제한을 시작했다.[10]

한편 유럽 남부지역에선 5월부터 폭염주의보가 발령되며 여름휴가 지도를 바꾸어 가고 있다. 2024년 여름 그리스에선 폭염으로 인해 9일간 무려 10명의 관광객이 사망 혹은 실종되는 사고가 일어났다. 폭염, 가뭄, 산불 등 계속된 기후재난으로 남유럽은 대표적 휴양지에서 피해야 할 여행지가 되어가고 있다.[11] 국민총생산GDP에서 관광이 차지하는 비율이 25%에 달하는 그리스, 이탈리아 남부 등지의 기후위기는 이미 삶의 위기로 이어지고 있다. 동시에 코펜하겐,

· · ·
2025년 1월, 히말라야 마차푸차레 산봉우리의 만년설이 녹아 있는 모습.

아이슬란드 등 북유럽 지역은 남유럽의 폭염을 피해 올라오는 관광
객이 급증하면서 오버투어리즘을 겪고 있다.

　기후위기의 영향은 지구와 삶의 모든 영역에서 선명하게 나타나
고 있다. 유럽연합EU의 코페르니쿠스 기후변화서비스C3S는 2024년
6월 지구 평균 기온이 산업화 시기(1850~1900년) 대비 1.62℃ 상승했
다고 발표했다.[12] 미국 메인대 기후변화연구소에서는 2023년 4월,
해수면의 온도가 21.05℃를 기록해 사상 최대치를 넘어섰다고 알
렸으며, 미국 국립빙설자료센터NSIDC는 2023년 2월 남극의 면적이
178만km²로 줄어들어 역사상 최저점을 갱신했고, 남극 최고 온도

가 18℃를 넘어섰다고 밝혔다.[13]

유럽연합은 줄어드는 강수량과 극심한 가뭄, 강풍 등으로 인해 대형 산불이 더욱 자주 발생해 2050년까지 30%, 2100년까지는 50% 이상 증가할 것으로 경고했다.[14] 또한 2023년 세계기상기구WMO는 지구현황보고서를 통해 지난 10년간 해수면 상승률이 2배 이상 증가했고 매해 4.7mm씩 상승하고 있음을 알렸다.[15] 이러한 과학적 데이터를 조목조목 업데이트하며 따져 묻지 않더라도 이미 우리는 기후위기가 일상에 큰 영향을 미치고 있음을 느낀다.

《시사IN》이 발표한 '2022 대한민국 기후위기 보고서'에 의하면 대한민국 시민들의 86.7%가 기후위기를 인식하고 있으며 그 원인은 인간의 활동 탓이라고 응답했다. 그렇게 답한 응답자 중 61%가 기후위기의 근본 원인이 자본주의라는 서술에도 동의를 표했다. 뿐만 아니라 시민들의 82%가 10년 전에 비해 기후위기에 대한 관심이 높아졌다고 밝혔다.

한 걸음 더 나아가 기후위기와 관련한 인지 정도를 묻는 질문에 '지구 온난화'에 대해서는 93.3%, '탄소중립'에 대해서는 66.6% '기후변화협약'은 50%, '기후변화에 관한 정부 간 협의체IPCC'에 관해서는 40%가 인지한다고 답했다.[16] 이러한 문제 인식에 따라 2023년 한 여행 포털 설문 조사에서는 앞으로 지속가능한 관광을 선택하고 싶다는 응답자가 83%를 넘어섰다. 또한 2024년의 여행 트렌드에는 에코투어리즘이 5대 키워드로 선택되기도 했다.[17] 그렇다면 이렇듯 변화된 인식에 따라 여행은 보다 지속가능한 쪽으로 변해 가고 있는 것일까?

여행이 기후위기에
끼치는 영향

유엔세계관광기구는 2024년 현재 14억 명인 관광 인구가 2030년 20억 명, 2040년 25억 명을 돌파할 것으로 예측했다. 2017년 유엔에서 만든 140여 개국, 1천 500여 기관 및 개인이 참여하는 지속가능한 소비네트워크 원플래닛One Planet은 여행자 1인이 평균 약 2.5톤의 이산화탄소배출량을 발생시킨다고 밝혔다.[18] 물론 이동과 체류 방식에 따라 배출 층위는 다양하다.

2017년 스웨덴 룬드 대학의 보고서에 의하면 대륙 간 왕복 여행을 하는 동안 이산화탄소배출량은 4톤에 달한다. 세계자원연구소가 규정한 탄소중립을 위한 1인당 연간 탄소배출량 2.5톤을 단번에 뛰어넘는 양이다.[19] 만약 퍼스트 클래스를 타고 여행을 한다면 탄소배출량은 6배 이상 상승한다. 더구나 도착한 여행지에서 5성급 호텔에 묵는다면 한 사람의 호화로운 여행자가 배출하는 탄소배출량은 다섯 사람의 1년치 탄소배출량을 넘어서게 된다. 만약 이것을 선진국이 아니라 개발도상국 국민을 기준으로 비교한다면 수십 배의 차이로 격차가 벌어지게 된다.

여행과 비행기

플라이트어웨어FlightAware[20]는 전 세계 항공기들의 운항 현황을 실시간으로 보여주는 사이트이다. 국제항공과 운송은 하루도 쉬지 않고 대기를 촘촘히 뒤덮는다. 전 세계에는 2만 5천 대의 상업용 비행기가 연간 40억 회나 비행 중이다. 항공 분야에서 발생되는 온실가스의 양은 지구 전체의 약 5%에 달한다. 국제항공기구에 의하면 지난 2013년부터 2018년까지 전 세계 상업용 항공기가 배출하는 이산화탄소의 양은 32% 증가했고, 2030년까지는 무려 400%까지 증가할 것으로 예상된다.[21] 그런데 이 통계에는 화물 운송을 위해 지구 위를 오가는 항공과 해운의 촘촘한 이동은 포함되지 않는다. 국가 간 이동이라는 이유로 각국이 책임져야 할 탄소배출 집계에서 제외되는 것이다. 물론 각국이 2030년까지 절감하기로 약속한 탄소 감축량에도 포함되지 않는다.[22]

항공 부문에서 발생하는 탄소배출량을 한 국가로 치환한다면 독일과 유사한 크기다. 지난 2013년부터 2018년까지 전 세계 상업용 항공기가 배출하는 이산화탄소의 양은 32% 증가했다. 더구나 기후변화에 관한 정부 간 협의체가 요구한 탄소배출량을 감축해서 의미 있는 효과를 거두려면 항공권 가격은 매년 1.4%씩 상승해야 한다. 그러나 반대로 항공권 가격은 매해 하락하고 있다.

항공업계에서는 화석연료가 아닌 천연원료로 생산해 화석연료 대비 탄소배출을 80% 줄일 수 있는 지속가능항공유SAF를 대안으로 제시한다. 하지만 유럽연합이 부과하는 지속가능항공유 사용 의무규정은 2025년 2%, 2030년 6%에 불과하다. 한국은 2027년부터 불과 1%를 의무 비율로 부과할 예정이다.[23] 항공료의 비용 상승은 승객 감소로 이어질 위험이 있기 때문이다. 항공 분야에서 유발되는 탄소배출과 기후위기의 대가는 누가 감당해야 하는 것일까?

여행과 크루즈

2024년 12월 10일 시셰퍼드 코리아 및 77개 단체는 크루즈를 타고 선상에서 기후위기와 환경을 논하는 환경재단의 '그린보트'에 대한 반대 성명을 냈다. "전형적인 그린워싱인 환경재단의 그린보트 캠페인을 즉시 중단하라"는 것이었다.[24] 과연 크루즈가 지구에 끼치는 실제적인 영향은 어떨까?

크루즈는 단순한 이동수단이 아니라 움직이는 거대한 호텔로서 24시간 쉬지 않고 에너지를 배출한다. 2017년 독일자연보호협회 나부NABU에 의하면, 크루즈 선박은 하루에 약 8만 4천 대 자동차에 해당하는 이산화탄소, 42만 1천 대의 질소산화물, 100만 대 이상의 미세먼지와 376만 대의 이산화황을 배출한다. 탄소배출량은 보잉747이나 카페리선의 3배에 이른다.[25] 심지어 항구에 정박해 있는 동안에도 하루 150톤의 벙커시유를 태우며 탄소와 미세먼지를 배출한다. 2023년 유럽교통 및 환경연합 조사에 따르면 크루즈선은 아황산가스를 유럽의 전체 자동차 수인 2억 9천 100만 대를 합친 것보다 4배나 더 배출했다.

크루즈가 배출하는 것은 유해가스만이 아니다. 지구의 벗Friedn of the Earth에 의하면 대형 크루즈 한 대가 일주일 항해에 배출하는 폐기물 양은 오물 8천 톤, 생활하수 400톤, 기름 섞인 물 10톤, 연료 2천 500만 톤에 달한다. 크루즈선은 전 세계 상선 대수의 단 1%에 불과하지만, 쓰레기 발생량은 25%나 차지한다.[26] 크루즈 승객들이 만들어 내는 폐기물은 연안과 바다에 그대로 버려져 해양 생태계를 위협한다.

세계 3대 미항 베니스 주민들은 크루즈가 정박하며 만들어 내는 대기오염과 공해물질, 오버투어리즘으로 오랫동안 고통을 겪어야 했다. 시민들의 거센 항의에 의해 2019년 베니스 본섬에 대형 유람선 입항이 금지되고 불과 3년 후인 2022년, 베니스 항구의 오염물질 배출 순위가 1위에서 41위로 떨어졌다. 2023년 7월 암스테르담 역시 오버투어리즘과 공해 문제로 크루즈의 도심 정박을 금지했고 유럽 전역에서 크루즈 입항을 제한하는 움직임이 시작되었다. 크루즈 역시 비행기와 마찬가지로 각 국가들의 탄소배출량에는 전혀 집계되지 않는다.

여행과 호텔

호텔에서 배출하는 탄소배출량은 전체 관광의 20%를 차지한다. 호텔은 도시에서 병원 다음으로 탄소배출이 높은 건물이다.[27] 호텔

. . .
베니스에 입항하는 초호화 크루즈.

은 365일, 24시간 동안 손님을 맞이하기 위해 냉난방을 틀어 놓고, 수영장을 유지하며, 식음료를 준비한다. 더구나 인스타그래머블한 ('인스타그램에 올릴 만한'이라는 뜻의 조어) 아름다운 인테리어를 유지하기 위해 낡지도 않은 장식과 가구를 주기적으로 교체하고, 엄청난 양의 침구와 수건을 세탁하며, 조식 뷔페에서 매일 엄청난 음식들을 버리고 있다.

호텔을 중심으로 한 여행은 구조적으로 평소 생활보다 4~5배에 달하는 탄소를 배출하게 된다. 유엔기후변화협약에 의하면 호텔 객실에서 하루를 묵으며 배출하는 탄소는 평균 85kg에 달한다.[28] 국제관광파트너십The International Tourism Partnership은 파리기후협약 목표 달성을 위해 2030년까지 전 세계 호텔업계가 객실 당 연간 배출량을 2010년 기준 66%까지 줄여야 한다고 발표했다.[29]

힐튼, 메리어트 등 글로벌 호텔 체인들은 너도나도 ESG (환경Environmental, 사회Social, 지배구조Governance) 경영을 선포하며 2030년까지 탄소배출을 50% 감축하겠다고 약속했다. 그러나 동시에 2025년 시행 예정인 미국 콜로라도 주의 '건물성능기준'에 반기후소송을 제기해 대표적인 그린워싱이라는 빈축을 샀다.

건물성능기준법은 호텔, 사무실, 아파트 등 일정 수준 이상의 건물에 온실가스 감축 기준을 의무적으로 적용한다. 호텔처럼 에너지 효율이 낮은 건물은 2030년까지 평균 30%를 줄여야 하고, 이를 못 지킬 경우 수백만 달러의 벌금이 부과될 수 있다. 콜로라도 주가 제시하는 탄소감축량은 호텔들이 선언한 자사 기준 50%보다 낮은 30% 수준이었음을 생각해 볼때, 반기후 소송은 그동안 글로벌 호텔 체인들이 선언한 탄소제로 정책이나 지속가능 정책에 정면으로 모순되는 행보이다.[30]

여행과 플라스틱

매년 3억 톤 이상의 새로운 플라스틱이 생산되고, 그중 800만 톤이 바다에 버려진다. 플라스틱의 99% 이상은 석유, 가스, 석탄에서 나오고 재생 불가능한 자원이다. 최대 100만 마리의 바닷새, 10만 마리의 바다 포유류 및 수많은 물고기의 죽음이 플라스틱 쓰레기로 인해 일어난다.

유엔세계관광기구에 의하면 전 세계 관광시설의 80%가 해안에 위치하고 있으며 관광 성수기에는 지중해 지역의 해양 쓰레기가 최대 40%까지 증가하는 것으로 나타났다.[31] 내륙 및 도시 관광 역시 해양 플라스틱 오염에 기여하고 있으며, 막대한 양의 플라스틱 오염이 강을 통해 바다로 흘러 들어간다. 현 추세가 계속된다면 2050년에는 바다에 물고기보다 플라스틱이 더 많아질 수 있다.[32]

기후위기 시대의 여행

화석연료에 기반한 대량생산 대량소비 대량폐기 대량관광의 자본주의 시스템과 제국적 생활양식이 지속 불가능하다는 것은 반론의 여지가 없는 사실이다. 관광산업은 제3세계의 값싼 노동력을 착취하고 그곳의 원주민과 비인간 생명체들을 축출하는 자본주의로부터 자유로울 수 없다.[33] 팬데믹을 통해 비인간 생명들은 인간에게 고통을 호소했지만 우리는 그 수많은 목소리와 증거들에 귀를 막았다. 제국적 삶의 양식을 포기하지 못한 채 지속가능한 개발, 지속가능한 관광을 이야기하는 어른들을 향해 청소년 환경운동가 그레타 툰베리는 다음과 같이 묻는다.

"우리는 현재 경제 체계 안에서 지속가능한 삶을 영위할 수 없다. 하지만 우리 귀에 끊임없이 들려오는 것은 그게 충분히 가능하다는 이야기다. 지속가능한 자동차를 사서 지속가능한 석유연료를 넣고 지속가능한 고속도로를 달릴 수 있다고 한다. 지속가능한 고기를 먹고 지속가능한 플라스틱 병에 지속가능한 청량음료를 넣어 마실 수 있다고 한다. 지속가능한 패스트패션을 구매하고 지속가능한 연료를 사용하는 지속가능한 항공여행을 할 수 있다고 한다. 지속가능한 기후 목표를 큰 노력을 기울이지 않고도 달성하는 것은 당연히 가능하다고 말한다. 어떻게 가능하다는 걸까?"[34]

국경을 넘나드는 여행을 통해 생산되는 탄소와 유해물질, 쓰레기에 대해 어떤 국가도 책임을 지거나 실질적 탄소 감축 의무를 부과하지 않으면서 항공, 호텔, 심지어 관광 정책에서까지 '지속가능한 관광'을 외치는 것은 이 세계가 함께 만들어 가는 가장 큰 거짓말이다. 런던 책임관광 컨퍼런스에서 헤럴드 굿윈 박사 역시 동일한 이야기를 들려준다. "지금처럼 지구가 서너 개쯤 있다는 듯 여행을 한다면 곧 여행이 아니라 지구가 멈추게 될 것이다."

비영리 여행사 프레시 아이즈Fresh Eyes –People to People Travel의 대표 앤디 루더돌프 역시 툰베리의 선언에 격한 지지를 보낸다. "1980년대부터 주창하고 있는 지속가능 개발과 관광 시스템이 작동했다면 기후위기에 다다르지는 않았겠죠. 지금처럼 끊임없이 비행기를 타고, 에너지를 사용하며, 물건을 소비하는 삶과 여행을 누리면서 지속가능한 지구도 가능했으면 좋겠다는 건 모순적 욕망입니다. 지속가능한 지구와 지역이 없다면 지속가능한 여행은 불가능하죠. 국가는 항공산업과 화석연료에 대한 보조금을 당장 중단해야 합니다. 우리의 일상과 여행 모두 탄소중립을 위해 50% 이상 줄이는 결단이 필요하죠. 예외가 될 수 있는 영역은 없습니다." 그는 2022년부터 항공기를 이용한 여행 프로그램을 전면 중단하며 이렇게 말한다. "여행, 멈출 수 없다면 바꿔야 합니다."

2장

여행, 멈출 수 없다면
바꿔야 한다

위기는 불평등하다

2022년 7월 안토니우 구테흐스 유엔사무총장은 "인류가 집단 자살이냐 공동 대응이냐라는 선택의 갈림길에 서 있다"는 극단적 경고를 전했다. 그리고 1년이 지난 뒤, 이제 지구 온난화 시대는 가고 지구 열대화 시대The Era of global boiling가 도래했다고 말한다. 그의 연이은 경고는 단순한 과장이나 협박이 아니었다. 미국해양대기청NOAA에서는 30년 단위로 기후변화를 측정하고 데이터를 발표하는데, 이때 진단에 사용되는 5가지 지표(이산화탄소, 기온, 북극해빙, 빙하 면적, 해수면)의 수치가 모두 임계점을 넘어섰다. 2024년 5월 하와이 마우나 로아 관측소에서 측정한 이산화탄소의 평균 농도는 426.9ppm으로 관측 사상 최고치를 기록했다.[1]

표면적으로 기후위기는 아프리카에서 북유럽, 미국 텍사스에 이르기까지 전 세계 곳곳에 영향을 미친다. 그러나 기후위기의 부작용이 모두에게 동일한 무게와 강도로 찾아가진 않는다. 파키스탄의 대홍수, 남유럽의 가뭄, 히말라야의 빙하를 녹이는 폭염, 투발루의 해수면 상승, 그린란드의 해빙과 가뭄 등 기후재난이 강력한 영향을 미치는 곳은 대체로 세상의 가장 아래쪽, 가장 약하고 힘없는 사람들의 장소이다. 모든 불평등이 그러하듯 기후재난 역시 아래쪽으로 더욱 깊은 타격을 주도록 기울어 있기 때문이다.[2]

반면 지난 30년간 누적된 탄소배출량을 계산하면 세계 소득 최상위 1% 인구가 배출한 1인당 탄소배출량은 전 세계 탄소배출량의 12%, 소득 상위 10%가 배출한 탄소의 양은 49%에 달한다. 이에 비해 하위 50%의 사람들은 불과 7%의 탄소를 배출했다. 그러나 기후위기로 인한 대부분의 재난은 하위 50%의 사람들이 살아가는 지역에서 일어나고 있다.[3] 기후변화로 인해 사망한 약 40만 명의 사람들 중 98%는 남반구에서 발생했으며 사망자의 83%는 탄소배출량이 가장 낮은 나라에서 나타났다. 연구자들은 2030년까지 기후 변화로 인한 사망자가 약 53만 명에 이를 것으로 예측했다.[4] 그러나 부유한 국가 내에서 발생한 기후재난으로 인해 사망한 비율은 1% 정도에 불과하다.

기후취약성 모니터의 데이터에 따르면 남반구는 이미 기후 붕괴로 인한 전체 비용 중 82%를 부담했다. 이런 추세로 2030년까지 나아가면, 남반구는 9천 540달러에 달하는 전 세계 재난 비용의 92%를 담당할 것이라고 예측한다. 유엔의 극빈과 빈곤에 관한 특별보고

관 필립 올스턴이 이야기한 것처럼 "기후변화는 다른 어떤 것보다 가난한 사람들에게 가하는 부도덕한 공격"이 되고 있는 것이다.[5]

인권학자 조효제 교수는 "기후변화를 인권 문제로 본다는 말은 기후위기 피해를 더 이상 천재에 의한 불운으로 보지 않고, 인재에 의한 불의로 본다는 뜻이다. 인권의 관점에서 해결책을 찾는다는 일은 온실가스 배출이 인권유린 행위임을 인식하고 인권의 이름으로 온실가스 감축을 국가와 기업에 '명령'할 수 있어야 하는 것"[6]이라며 문제 해결의 본질을 갈파했다. 경제학자 토마 피케티 역시 "부자들은 배출량을 줄이기 위해 최선의 노력을 기울여야 하고 가난한 사람들에게는 1.5℃ 또는 2℃ 전환에 대처할 능력을 키울 지원이 주어져야 한다"[7]고 주장했다. 소득과 부의 강력한 재분배 없이는 신속한 탈탄소화는 불가능하기 때문이다.

여행은 더욱 불평등하다

2024년 세계는 이미 코로나 이전인 2019년의 관광객 규모를 98% 회복했다.[8] 세계 곳곳에서 오버투어리즘 이슈가 다시 불거지면서 루브르 박물관이나 베니스와 같은 유명 관광지는 인원을 제한하거나 관광세를 부과하고 있다. 그리스는 기후위기 부담금을 요청하기에 이르렀다. 한국에서도 2023년 약 2천 280만 명의 여행자가 출국했다. 매달 공항을 통해 약 190만 명 정도의 여행자가 해외로 떠난 셈이다. 그러나 우리가 여행을 할 수 있게 되었다고 해서 전 세계 누구나 여행을 하고 있는 것은 아니다.

세계관광협의회WTTC에 의하면 2019년 전 세계 80억 인구 중 항공기를 타고 세상을 여행하거나 이동할 수 있는 사람은 14억 명으로 전 세계 인구의 20%에 이르렀다. 그런데 이 숫자는 중복 탑승자들을 포함한 것이다. 평생 비행기 타는 것을 꿈처럼 여기다 난생처음 탑승한 이주노동자도, 1년에 수차례 세상 곳곳을 누비는 여행자도 모두 1명이라는 데이터로 표기될 뿐이다.

『지속가능한 여행을 하고 있습니다』의 저자 홀리 터펜은 여행할 수 있는 사람, 특히 항공여행을 할 수 있는 사람은 세계 인구의 5% 정도일 뿐이라고 지적하며 통계의 착시를 바로잡는다. 세상을 자유롭게 비행하는 5%의 사람들, 이들의 국적은 전 세계 탄소배출량의 75%를 차지하는 G20 국가와 고스란히 겹쳐진다. 사회학자 울리히 브란트가 지적한 것처럼 여행산업에는 '환경과 지구에 무거운 짐을 지우며 항공여행을 통해 탄소배출을 특권처럼 누리는 부유한 북반구와 비행기 여행 같은 환경오염의 기회조차 가질 수 없는 남반구'라는 세계의 기울기가 고스란히 반영되어 있다.[9]

여행을 통해 초과 배출되는 탄소가 실제 돈이라면 북반구의 사람들은 남반구 사람들의 지갑을 강탈해 마음껏 쓰고 있는 셈이다. 경제인류학자 제이슨 히켈은 지구임계용량을 넘어서는 북반구 사람들의 탄소예산 사용을 '대기의 식민화'라고 비판한다. 과거 제국주의가 군대를 앞세워 남반구를 식민지 삼아 자원과 토지, 사람을 폭력적으로 착취하고 빼앗았다면, 지금은 그렇게 부를 쌓아올린 선진국 사람들이 여행을 통해 지구의 대기를 독점한다는 것이다.

1%가 절반을 차지하는 항공여행

2022년 4월, 전 세계 25개국 1천여 명의 과학자들이 속한 멸종저항 단체인 과학자 반란Scientist Rebellion은 세계 거리 곳곳에서 스스로 몸에 사슬을 묶고 자물쇠를 채운 채 확성기를 들고 외쳤다. "우리는 더 이상 증명할 것이 없다. 충분히 연구했고, 명확히 입증했다. 이제 필요한 것은 기후위기를 막기 위한 선택과 실행뿐이다."[10] 이들 중에는 '기후변화에 관한 정부 간 협의체IPCC' 보고서 작성에 참여했거나, 미국항공우주국NASA 소속 과학자들도 있었다.[11] 이날 시위를 통해 과학자들은 2022년 4월 발표된 IPCC 6차 보고서에서 기업과 부자, 기득권의 책임을 강조한 내용이 삭제된 과정에 대해 강력히 항의했다. 해당 보고서에서 삭제된 내용 중 하나는 '항공 부문에서 상위 1%가 온실가스 배출의 50%를 차지한다'는 사실이었다.[12]

항공사 우수고객들은 한 해 평균 5만 6천km를 여행한다. 이는 연간 장거리 비행 세 번, 혹은 매달 한 번씩 단거리 비행을 한 것에 해당한다. 항공기로 인한 탄소배출량을 지역별로 살펴보면 북미 여행자는 아프리카의 50배, 아시아태평양의 10배, 라틴아메리카의 7.5배의 탄소를 배출했다.[13] 유럽 내 상위 탄소배출 가구 중 가장 많은 탄소를 배출하는 부문은 운송이다. 상위 1%의 경우 항공여행이 가장 높은 배출량을 기록하고 있다. 또 다른 연구에 의하면 상위 10%의 부유층 가구는 전 세계 육상 교통과 관련된 에너지의 약 45%를 사용하고, 항공과 관련된 에너지는 약 75%를 사용하고 있다.[14] 항공으로 인해 지구 전체가 감당해야 하는 기후 피해액이 1천억 달러로 추산되는데, 그 비용을 한 번도 비행기를 타보지 못한 세계의 80%가 함께 지불하는 것이다. 이런 연유로 영국 정부의 자문기구인 기후변화위원회에서는 항공여행이 잦은 일부 여행자들에게 마일리지 대신 탄소부담금 부과를 제안한다.[15]

한편 2023년 9월, 스웨덴 브롬마 국제공항의 한 건물과 인근에 있던 비행기 한 대에 붉은 페인트가 뿌려졌다. 건물 창문은 기후위기를 다룬 논문 출력물로 뒤덮였고, 한 무리의 연구자들은 '전용기 폐지'라고 적힌 현수막을 현장에서 펼쳐 들었다. 개인 전용기 터미널을 운영하는 그라페어 제트센터에서 일어난 일이었다. 전용기 반대 운동에 참여한 과학자는 인터뷰에서 시위 이유를 이렇게 밝혔다. "이 붉은 페인트는 그들 손에 피가 묻었음을 뜻합니다. 전 세계 인구의 1%가 전체 비행기 탄소배출량의 50% 이상을 내뿜습니다. 세계 인구의 80%는 비행기를 타본 적도 없습니다. 전용기 산업을 폐지해야 합니다."[16]

편집되고 누락된 부분이 존재함에도 불구하고 2022년 발표된 IPCC 6차 보고서는 부인하지 못할 기후위기의 불평등을 우리에게 알려준다. 보고서에 의하면 지구 평균 온도의 1.5℃ 상승을 막기 위해 우리가 쓸 수 있는 탄소예산은 이미 90% 가량 소진된 상태다. 남은 5천억 톤의 예산 중 매해 590억 톤 이상의 탄소를 사용하는 인

. . .
'관광이 도시를 죽인다'라는 선언과 함께 마요르카 시민들이 부착한 오버투어리즘 반
대 스티커.

류에게 주어진 시간은 채 10년도 남지 않았다. 더욱이 1%의 특권층은 그 남은 탄소예산의 대부분을 사용하며 세계를 여행하고 있다.[17] 개인 제트기를 막아서고, 유명인의 초호화 요트에 붉은 페인트를 뿌리며 거리로 나선 과학자반란 연구자들은 외친다. "그들이 값을 지불하게 하라!"

지구가 4개 더 필요한 삶

그레타 툰베리를 비롯한 기후활동가들은 2015 파리협정 등의 국제회의에서 약속한 기후목표를 달성하려면 1인당 연간 이산화탄소 배출량을 1톤 이하로 줄여야 한다고 주장한다.[18] 그러나 이는 쉬운 일이 아니다. 2020년 기준, 세계 각국이 배출하는 1인당 탄소배출량은 호주 15.37톤, 미국 14.24톤, 캐나다 14.20톤, 한국은 13.5톤으로 호주, 미국, 캐나다에 이어 세계 4위를 차지했다. 기후변화행동연구소는 지금과 같은 삶의 양식이 계속된다면 2030년 한국은 1인당 탄소배출량 세계 1위를 차지할 수도 있다고 예견했다.[19] 기후위기에 대해 오랫동안 제국적 생활양식을 구가해 온 선진국을 탓하며 피해자 코스프레를 하기엔 우리는 이미 너무 먼 곳에 도착해 있다.

한국인 1인당 탄소배출량을 365일로 나누어 본다면 한 사람당 1일 평균 약 36kg으로 전 세계 1일 평균인 20kg를 훌쩍 넘어서는 양을 배출한다. 한국인들이 평범한 일상 속에서 사용하는 지구의 자원을 물질발자국(한 국가의 소비 수요를 충족시키기 위해 추출된 물질의 총량)으로 환산하면 약 38톤으로 영국보다 30%를 초과한다.[20] 한국인들이 현재의 삶을 유지하기 위해서는 지구 4개가 더 필요하다.[21] 일상에서 여행까지 새로운 기준과 가치로 변화를 선택하지 않는다면 기후위기를 넘어 생물다양성의 붕괴를 일으키고 대멸종을 향해 달려가는 거대한 가속의 최전선에서 내려설 길이 없다.

기후위기 해결책으로 정부와 기업에서는 탄소포집기술과 전기차, 대체에너지, 수소비행기, 지속가능 항공유 등 다양한 기술적 해결책을 제안하며 엄청난 공적자금을 투여한다. 이는 지금 같은 삶의 양식을 유지하면서도 지속가능한 지구를 만들어 갈 수 있으니 지갑을 닫지 말고 소비를 멈추지 말라는 뜻이다. 정부는 항공업계에 상상을 넘어서는 보조금을 지급할 뿐 아니라 전기차 구매를 촉진하기 위해 1인당 1천만 원 가까운 지원 정책을 펼치기도 한다.[22] 그렇다면 전기차나 수소 비행기는 기후위기 시대에도 지속가능한 삶과 여행을 가능케 하는 대안이 될 수 있을까?

제국적 생활양식

전기차를 움직이게 하는 핵심 동력은 리튬 배터리다. 핸드폰 하나에 7g, 전기자동차 한 대에는 약 8kg의 리튬이 필요하다. 코발트 역시 배터리에 들어가는 필수 광물로 리튬보다 8배가 더 필요하다. 코발트는 리튬 배터리와 함께 삼성의 스마트폰, 엘지의 노트북, 전기차, 항공기까지 우리의 일상에 깊이 연결된다. 특히 전기차용 배터리는 향후 10년 동안 100% 증가폭이 예상된다. 콩고에는 세계에서 사용하는 코발트의 70%와 콜탄의 80%가 매장되어 있다.[23] 그런데 코발트 광산에서 광물을 채굴하는 노동자 중에는 5~7세 정도의 어린아이들이 포함되어 있다. 또한 코발트를 채굴하는 콩고 국민 70%는 하루 2.15달러 미만의 빈곤 상태 속에 살아간다.[24] 엠네스티에 의하면 콩고에서 코발트를 채굴하는 20만여 명의 영세 광부 중 4만 명이 어린아이들이며, 그중 5% 정도는 인신매매로 끌려와 강제 노동을 하는 이들이다.[25]

환경을 오염시키지 않는 깨끗한 이동을 위한 리튬 배터리의 핏빛 생산 여정은 아프리카에서 멈추지 않는다. 2024년 6월 경기도 화성에 위치한 리튬 배터리 공장에서 이주노동자 23명이 화재로 사망했다. 일하는 동안 한 번도 안전교육을 받은 적 없던 이들은 안전 설비가 제대로 갖춰지지 않은 공장에서 비상구를 찾지 못한 채 순식간에 죽음을 맞았다. 우리가 사용하는 모든 에너지와 소비재 뒤에 외부화된 오염, 지불되지 않는 가격, 외주화된 위험이 있음을 스러져간 목숨을 통해 알려준 사건이었다. 이러한 삶의 양식을 울리히 브란트와 마르쿠스 비센은 '제국적 생활양식'이라 정의한다.

제국적 생활양식이란 "자본주의 질서가 불평등과 권력 및 지배, 때로는 폭력에 기반한다는 개념"이다.[26] 이를 전 세계적 차원에서 바라보면, 북반구 사람들의 풍요는 남반구의 저렴한 노동 착취와 생태적 한계를 고려하지 않는 자연에 대한 추출을 전제로 한다. '겨울에 독일의 학교 급식실에서 제공하는 중국산 딸기, 스페인 안달루시아에서 불법 이주자들이 북유럽 시장을 위해 생산하는 토마토, 태국이나 에콰도르의 맹그로브 숲을 파괴하며 양식하는 새우'[27]처럼 자본주의 시스템은 우리가 의식하지 못한 채 영위하는 수많은 고통과 비용의 외부화를 뜻한다. 가성비 좋은 선택, 저렴하고 질 좋은 제품을 얻기 위해서 아주 먼 곳으로 고통과 책임을 전가시키고 그곳의 원주민과 자연에 대한 축출을 일삼는 폭력적 지배 구조를 만들어 온 것이다.

정치 철학자 낸시 프레이저 역시 "끝없는 성장과 증식을 위해 지구와 사람, 여성의 노동을 저렴하게 먹어 치우는 식인자본주의"[28]가 결국 사회적-생태적 위기와 기후재난을 불러왔다고 주장한다. 그렇다면 우리는 이 제국적 생활양식에서 벗어나기 위해 무엇을, 어떻게, 어디서부터 전환해 가야 할까?

1.5℃ 라이프스타일

"미국인의 생활방식은 협상대상이 아니다." 1992년 리우데자네이루에서 열린 유엔지구정상회의에서 당시 미국 대통령 조지 부시가 했던 말이다. 그레타 툰베리는 이 말을 기후악당인 미국과 선진국 사람들에게 그대로 되돌려 준다. "기후위기 시대, 지금의 생활방식을 바꾸어야 하는 것은 협상대상이 아니다."[29]

전환의 시작은 일상이어야 하며, 변화가 필요한 것은 일상 전체, 즉 라이프스타일이다. 영국 토트네스에서 시작된 '1.5℃ 라이프스타일' 운동은 먹거리, 주거, 이동, 소비, 여가 등 5가지 분야의 일상 영역에서 개인이 배출하는 탄소배출을 측정해 감축하고, 공정한 소비 공간을 창출해 지구 온도 1.5℃ 상승을 막으며, 사회적 자원이 부족한 사람들에게 안전망을 제공해 보다 공정한 세계를 만들어 가려는 삶의 전환운동이다.

이 운동은 일상의 전환을 통해 마을, 도시, 국가의 시스템을 도넛 경제 모델이 추구하는 사회-생태적 모델로 바꾸는 것을 목표로 한다. 도넛 경제학에서는 도넛 모양의 안쪽 원을 사회적 경계선, 바깥쪽 원을 생태적 경계선이라 할 때, 두 경계선 사이에 생태적으로 안전하고 사회적으로 정의로운 공간이 펼쳐진다고 말한다. 그리고 이 공간 안에 머물 때 지속가능한 지구와 지역이 가능해진다는 것이다.[30]

전환마을 토트네스의 풀뿌리 시민단체 테이크 더 점프Take The Jump는 1.5℃ 라이프스타일을 제안하며 6가지 영역에서 삶의 전환을 주창했다. 가장 먼저 소비를 줄여 물질발자국을 낮추고, 소유에서 공유로 생활양식을 전환하며, 채식 중심으로 식탁을 바꾸고, 버리는 대신 고쳐 쓰고 공유하는 삶으로 나아갈 것을 제안한다. 더불어 여행이 삶의 중요한 일상인 영국인들에게 되도록 가까운 곳으로 떠나고, 장거리 여행은 3년에 한 번 정도로 줄이는 탈성장 관광을 제안하는데 이는 여행과 삶의 통합적 전환을 의미한다.

2024년 7월 2일 한국에서는 녹색전환 연구소가 1.5℃ 라이프스타일 계산기를 발표하며 개인의 탄소배출을 40% 감축하는 구체적 목표를 제안했다. 전 세계 기준 1인당 탄소배출량은 평균 4.6톤이다. 하지만 이미 제국적 생활양식을 가진 한국인의 1인당 탄소배출량은 약 13.6톤이다(2018년 기준). 우리나라 전체에서 발생하는 온실가스 6억 5천만 톤을 국민 1인당 배출량으로 환산한 값이다. 녹색전환 연구소는 개인 영역에서의 온실가스 배출량을 6.4톤으로 낮출 것을 제안한다.[31] 이는 탄소배출량을 2030년까지 2018년 대비 40% 절감하기 위한 수치로서 국가탄소중립계획을 반영한 것이다.

다이어트의 금언이 가르쳐 주듯 탄소배출을 줄이고 싶다면 먼저 우리가 각자 얼마나 탄소를 배출하고 있는지 측정해야 한다. 기준이 있어야 변화를 확인할 수 있기 때문이다. 녹색전환 연구소의 1.5℃ 탄소계산기는 먹거리, 소비, 교통, 주거, 여가 총 5가지 일상적 영역에서 탄소배출을 계산하도록 안내한다.

먹거리의 경우 일주일에 외식과 고기를 먹는 횟수를, 소비 영역에서는 1년간 구매하는 옷의 개수를 질문한다. 가정에서 보유하고 있는 전자제품의 수량을 묻고, 반려동물이 있다면 그로 인한 탄소배출도 포함시킨다. 교통의 경우 자전거나 지하철은 물론 연간 항공기 탑승 시간과 거리까지 입력해야 한다. 주거는 사용 공간의 면적과 냉난방비와 같은 에너지 소모량을 반영한다. 여가에서는 여행을 위해 숙박한 날짜, 스키나 골프를 즐기는 횟수 등을 측정한다.

5개 영역의 질문을 따라가며 입력하면 연간 탄소배출량이 수치로 나온다. 사실 일상에서는 배출량이 좀처럼 5~6톤을 넘어서는 경우가 없다. 그러나 연간 탑승하는 비행기와 거리를 입력하기 시작하면 탄소배출량은 가파르게 상승한다. 여행이 우리 일상에서 차지하는 시간은 1년 중 불과 며칠일 뿐이지만 탄소배출을 기준으로 본다면 1년의 절반에 이르기도 한다. 즉, 여행에 대한 조정과 전환 없이 제국적 생활양식을 벗어나 1.5℃ 라이프스타일로 전환하는 것은 불가능하다.

탄소여권, 여행의 미래

2023년 영국에서는 지속가능한 지구를 위해 탄소여권이라는 새로운 개념이 나타난다. 인트레피드 트래블Intrepid Travel은 지속가능한 여행의 미래를 분석한 여행보고서에서 '탄소여권제도'를 제안한다.[32] 이미 2008년 영국 의회에서는 탄소여권과 비슷한 개념으로 '개인 간 탄소배출권 거래제'가 논의된 적이 있다. 그러나 당시엔 시민들의 수용가능성이 낮을 것이라는 이유로 논의가 중단되었다. 인트레피드 트래블은 개인의 여행 습관을 바꾸지 않고는 관광산업의 탄소중립 목표 달성은 불가능하다는 것을 강조한다.[33]

탄소여권의 기본 개념은 각 여행자에게 연간 탄소 허용량을 할당하고 이를 초과할 수 없도록 제한하는 제도를 만들자는 것이다. 비록 현실에서는 법안으로 채택되지 못했으나 일상과 여행에서의 탄소배출량을 총량적으로 사고하는 새로운 시선으로 우리를 안내한다. 기후위기가 심각해지며 개인의 탄소배출에 대한 총량제가 실시되어 탄소여권이 도입된다고 상상해 보자. 여권에 내가 1년간 사용할 수 있는 탄소배출량이 기록되어, 출국심사대에서 항공권과 함께 제출될 것이다. 그러다 누군가는 탄소예산이 부족해 출국이 보류되거나 추가 비용을 지불해야 하는 미래가 올 수도 있지 않을까.

1.5℃ 라이프스타일을 기준으로 탄소배출량을 초과하지 않으려면 일상뿐 아니라 여행을 준비하고 실행하는 단계에서 이동과 숙소, 식사와 활동까지 탄소배출량을 계산하며 계획해야 한다. 뿐만 아니라 돌아와 살아갈 일상에서도 새로운 가치와 기준으로 일상을 선택하고 재구성해야 한다. 여행을 포기할 수 없는 사람이라면 자동차 대신 대중교통을 이용하는 것이 좋다. 육식을 줄이고 채식 중심으로 식생활을 바꾸어 갈 수도 있을 것이다. 집의 단열을 보강하거나, 베란다나 옥상에 태양광을 설치해 에너지 탄소배출을 줄이고, 옷이나 물건 등을 중고 거래로 구하거나 나누며 탄소배출을 줄일 수도 있다.

기후위기는 지금 당장 우리에게 주어진 과제이며, 지금 바로 우리가 할 수 있는 선택 속에서 해법을 찾아야 한다. 사실 여행에서 탄소배출량을 50% 이상 줄이는 방법은 단순하다. '덜 자주' 여행하고, 한 지역에 '더 오래' 머물며, 지구를 '더 깊이' 만나는 공정하고 책임 있는 여행으로 전환하는 것이다. 또한 여행을 통해 지역과 지구의 생물다양성을 회복하고 재야생화하는 네이처 포지티브 여행을 향해 나아가는 노력 또한 필요하다.

여행 계획 단계에서부터 호텔, 식단, 현지에서의 이동수단과 활동 등 배출하는 탄소를 계산하고, 그것이 1년 중 나의 탄소배출량에서 어느 정도의 비율인지 통합적으로 돌아보며 여행과 일상의 균형을 맞추어 가야 한다. 일상에서의 탄소배출량을 줄여야 하는 것은 말할 필요도 없다. 여행을 위해 연봉의 50%를 쓰는 사람은 거의 없듯이 탄소배출 역시 마찬가지의 감각과 균형이 요구된다.

어떤 이들은 이것이 무슨 대안이냐고 따질지도 모르겠다. 그러나 이제까지 살펴본 것처럼 우리가 일상과 여행을 통해 지나치게 많이 사용하고 있는 탄소는 공짜로 주어진 것이 아니라 누군가의 몫을 빼앗아 온 것이다. 무엇보다 그 대가가 다른 사람에게 강제로 요구되는 채무이며 약탈이다. 우리가 만들어 내는 온실가스가 기후위기의 원인이라는 것이 이토록 명확하다면, 변화와 전환은 우리로부터 시작되어야 한다. 더 많이 배출한 사람이 더 많은 책임을 감당해야 하는 책무도 결코 피할 수 없다.

개인의 책임과 구조적 변화 사이

그러나 1.5℃ 라이프스타일의 강조는 기후변화의 가장 큰 요인인 생산 영역에서의 책임과 구조적 변화보다 개인의 실천만을 강조하는 방향으로 흐르기 쉽다. 영국 런던에 본부를 둔 비영리기구인 탄소공개프로젝트CDP는 1988년 이후 2015년까지 30년 가까운 기간 동안 엑손모빌, 쉘, 셰브론 등의 전 세계 상위 100개 기업이 세계 온실가스 배출량의 71%에 해당하는 화석연료를 공급했다고 밝힌다.[34] 한국 역시 비슷하다. 상위 10대 기업이 배출하는 온실가스는

2021년 기준 3억 2천만 톤으로 우리나라 전체 탄소배출량 절반에 육박한다. 포스코 한 기업의 배출량만 봐도 무려 한국 전체의 10%에 달할 정도다.[35] 그렇지만 해당 기업들에게 책임을 묻는 것만으로는 탄소중립에 도달할 수 없다.

1.5℃ 라이프스타일 계산기 개발자 고이지선 연구원은 시민들에게 이렇게 말한다. "기업이 생산한 가솔린, 스마트폰을 누가 사용하고 있을까요? 그 생산량의 72%는 우리가 구매해서 소비합니다. 정부와 국가가 탄소중립을 위해 감축 목표를 세우듯, 개인도 일상에서 탄소배출량을 측정하고 감축 목표를 세워 변화를 만들어 가지 않는다면 기후위기 문제는 해결될 수 없습니다."[36] 1.5℃ 라이프스타일은 텀블러를 쓰고 에코백을 사용하는 작은 실천이나 자기 위안에서 멈추는 일회성 캠페인이 아니다. 개인의 변화에서 시작해 사회의 시스템과 구조를 변화시켜 사회적 전환을 만들어 가는 기후 정치를 포괄하는 여정이다.

실제로 세계 곳곳에서 오버투어리즘과 기후위기를 일으키는 대량관광을 지구의 생태적 한계와 지역의 사회적 수용력에 맞는 적정관광으로 전환하려는 시도가 나타나고 있다. 2024년 바르셀로나는 에어비앤비 전면 중단을 선언했다. 시민들의 정주권과 삶의 질을 지키는 일이 어려워질 것이라는 판단에 기초한 일이다. 영국 정부 역시 법으로 도입된 '넷제로Net-Zero 2050'에 따라 관광 영역에서도 탄소중립 정책들을 펼치고 있다(넷제로는 온실가스의 배출량과 흡수량을 같도록 하여 순 배출량을 0으로 만드는 것을 의미하며, 탄소중립이라고도 불린다). 전체 교통량의 22%를 차지하는 항공업계가 영국 전체 탄소배출량의 7%에 해당하는 탄소를 배출한다는 분석에 따라 이를 감축하기 위한 정책을 시작한 것이다. 이는 2040년까지 국내선 탄소제로 달성, 2050년까지 국제선 탄소제로를 목표로 한다. 가장 먼저 히드로 공항이 2030년까지 탄소제로를 달성할 예정이며, 영국 전체의 전환은 2040년이 목표다.[37]

스코틀랜드는 국가 차원에서 '목적지 탄소중립' 정책을 세우고, 정부의 예산 지원과 관광 업체의 참여를 통해 넷제로를 목표로 관광산업을 전환하는 중이다.[38] 전등을 위한 태양광 발전, 지역의 재생에너지, 단열, 전기 충전소 등을 통해 넷제로를 향한 전환이 활발하게 일어나고 있다. 파리의 경우 수백 번이 넘는 토론과 참여의 과정을 통해 2시간 반 이내 기차로 접근 가능한 국내선 노선을 폐쇄하고 화석연료 광고를 금지했다. 바르셀로나의 경우 차량 중심의 도로가 시민들의 보행공간과 휴식공간으로 환원되었고, 이에 따라 자전거, 도보, 대중교통 이용률이 75%를 넘어섰다.

암스테르담은 2015년부터 운하에서 화석연료를 사용하는 모든 보트의 운행을 금지하기로 결정하고, 2030년부터는 화석연료를 사용하는 모든 이륜차 및 자동차를 금지하겠다고 선언했다. 또 원료 사용을 2030년까지 50%, 2050년까지 100% 순환하겠다는 목표를 세우고, 쓰고 버리는 경제에서 벗어나 '순환경제'로 나아가기로 사회적 합의를 이루었다. 웨일즈의 경우 2021년 이후 신규 도로 건설을 모두 중단하고 그 예산을 대중교통 예산으로 전환할 것을 결정했다.

이미 시작된 전환

기후위기 시대, 탄소중립은 관광산업의 존립에도 영향을 미치고 있다. 2023년 그리너 트래블러의 조사에 의하면 영국 여행자들 10명 중 7명은 유럽 주요 여행지의 폭염을 경험하며 기후위기의 심각성을 목격했으며, 여행자의 61%는 이제 지속가능성과 환경의 영향을 고려하지 않은 선택은 피한다고 답했다. 관광 영역에서 탄소중립 여행이 실천되지 않는다면 기후위기 시대에 여행자들은 여행을 줄이는 쪽으로 나아가게 될 것이라는 전망이다.[39]

이런 흐름 속에서 관광업계 역시 탄소배출 50% 감량을 선언했다. 2021년 11월 스코틀랜드 글래스고에서 열린 유엔기후변화협약 당사국총회의에서 관광의 미래에 관한 중요한 선언이 발표되었다. 바로 '글래스고 관광선언'이다. 2030년까지 탄소배출을 50% 줄이고, 2050년까지 탄소중립을 달성하기 위해 노력할 것을 약속하는 내용이었다.[40] 이를 위해 에너지 효율성을 높이고 재생가능에너지를 사용하는 등의 구체적인 전략이 수립되었다.

글래스고 선언에서는 생태계를 보호하고 관광 활동이 자연환경에 미치는 영향을 최소화하기 위해 자연보호구역의 관리, 해양환경 보호, 야생동물 보호 등의 조치도 언급되고 있다. 또한 관광이 지역사회에 긍정적인 영향을 미치도록 지원하고, 지역문화와 전통을 존중하며 지역주민의 참여를 독려하는 공정관광 정책을 추진하겠다는 점도 명시한다.

위와 같은 약속들을 실행하기 위해 다양한 이해관계자—정부, 민간 기업, 비정부 기구, 지역사회—가 협력하여 공동의 목표를 향해 협력해 나갈 것을 촉구한다. 이를 위해 여행자들에게 지속가능한 여행의 중요성을 알리고, 환경친화적인 여행 방법을 선택하도록 안내하자는 것이 글래스고 선언의 핵심이다.

한편 2020년 기준, 전 세계 10만 개가 넘는 여행 프로그램을 운영 중인 세계 최대 규모의 모험 여행사 인트레피드 트래블은 자사의 여행 상품은 물론이고 회사 운영에서도 탄소중립 전환을 이루겠다고 발표한다.[41] 이를 위해 모든 사무실에서 100% 재생에너지를 사용하며, 2030년까지 모든 여행 프로그램에 100% 재생가능에너지 사용을 도입하겠다는 것이다.

세계 최초의 책임여행사 리스폰서블 트래블Responsible Travel은 비행기로 1시간 거리 이상의 항공권이 포함된 상품은 판매하지 않으며, 과잉관광 지역으로의 여행 또한 중단했다. 영국 최초의 비영리 여행사 프레시 아이즈는 항공편을 타고 이동해야 하는 인도 등 원거리 여행 상품 판매를 중단했다. 또한 항공편 없이 기차, 버스, 자전거 등 육로와 인간의 힘으로 이동 가능한 여행 프로그램만을 판매하는 바이웨이 트래블Byway Travel은 여행스타트업으로 주목받으며 다양한 수상과 함께 괄목할 만한 성장을 이루고 있다.

기후위기는 전 지구적이며 동시에 다중적 위기다. 때문에 기후위기를 해결하기 위한 우리의 대응 역시 동시적이며 전면적이어야 한다. 국가와 기업은 그들의 몫을, 시민과 공동체는 개인의 몫을 감당해야 한다. 우리는 일상과 여행에서 발생하는 탄소배출량을 돌아보고 측정하며 지구에 끼치는 영향을 기준으로 삶을 조정해야 한다. 이러한 선택과 실천을 통해 아래로부터 시작된 변화는 지구적 전환으로 연결될 것이다.

3장

기후위기와
오버투어리즘

지속가능한 여행을
방해하는 2가지

기후위기 시대 여행의 전환은 모두에게 주어진 피할 수 없는 과제다. 여행자들 역시 지속가능한 여행을 선택하고 싶어 한다. 영국의 리서치 회사인 칸타에서 발행한 '지속가능성 지표 보고서'[1]에 의하면 여행자 중 83%가 지속가능한 여행을 실천하고 싶다고 답했다. 그러나 그중 실제로 변화를 선택한 사람은 22%에 그친다. 10명 중 4명이 다른 방식으로 여행하길 원했지만, 실제 선택과 변화로 나아간 사람은 1명뿐이라는 이야기다.

2021년 부킹닷컴 조사에서는 많은 이들이 지속가능한 관광 실천의 가장 큰 방해 요소를 '기후위기'와 '오버투어리즘'이라고 답했다.[2] 이것은 모두 개인적 차원의 실천만으로는 해결할 수 없는 거대한 문제다. 유엔세계관광기구는 오버투어리즘을 과도한 관광객 수

용으로 지역주민의 삶과 환경에 부정적인 영향을 미치는 현상이라고 정의한다.[3] 그러나 국제책임여행연구소 헤럴드 굿윈 박사는 2016년 서울 북촌을 찾아 주민들과 만난 자리에서 오버투어리즘을 조금 다르게 정의했다. "오버투어리즘은 지나치게 많은 관광객이 도착한 것이 문제가 아니라 너무 많은 관광객의 도착을 허용하는 정부의 기업주의적 관광 정책 때문입니다." 헤럴드 굿윈 박사가 지적한 것처럼 여행의 전환은 개인의 선택과 노력뿐만 아니라 정부의 확고한 의지와 올바른 정책으로 이루어질 수 있다.

베니스는 2024년 5월부터 세계 최초로 숙박뿐 아니라 도시에 들어오는 모든 사람들에게 5유로의 도시세를 징수하기 시작했다. 비슷한 시기에 바르셀로나는 에어비앤비 없는 도시를 선포했으며, 코펜하겐은 2025년을 목표로 최초의 탄소중립 도시 달성을 선언했다. 이들의 공통점은 관광을 통해 경제적 이윤을 추구하기보다 도시 자체를 공유재로 보고 시민들의 살아갈 권리와 이동할 권리를 보호하고자 노력한다는 것이다. 이처럼 세계 대표 관광도시들은 도시에서의 지속가능한 삶을 기반으로 공정한 여행을 만들기 위해 다양한 실천과 변화를 일으키고 있다.

이번 장에서는 오버투어리즘의 문제를 가장 격하게 겪어 내고 있는 베니스, 바르셀로나, 코펜하겐 사람들을 만나 이들이 도시적 차원에서 어떤 변화를 만들어 가는지 톺아보려 한다.

기후위기의 최전선,
베니스

쫓겨나는 사람들

2023년 9월 유네스코UNESCO는 베니스를 '위험에 처한 문화유산 목록'에 올려야 한다고 강력히 경고한다.[4] 유네스코가 제시한 베니스의 존립을 위협하는 위험 요소 2가지 역시 '오버투어리즘'과 '기후위기'다. 둘 다 인간의 행동이 원인이 되어 지역과 지구에 위협적인 영향을 미치는 현상이다.

이전부터 베니스는 몰디브와 함께 기후위기로 인한 해수면 상승 문제의 대표적인 사례로 언급되어 왔는데, 최근에는 폭우와 홍수까지 더해졌다. 해마다 11월이면 허벅지 높이로 해수면이 상승해 도시 전체가 물에 잠기는 베니스의 아쿠아 알타Acqua alta는 현지 사람에게도 여행자들에게도 예측 가능한 연례적 현상이었다. 그러나 2019년 11월 사람의 평균 키 높이를 넘는 187cm의 비가 내리면서 도시의 80%가 침수되고 말았다. 이 홍수에 대해 영국공영방송 BBC는 "전형적인 기후재난으로 인한 피해"라고 명명했다.[5] 그런데 수백 년의 시간 동안, 파도와 풍랑에도 무너지지 않았던 해양도시국가 베니스를 위태롭게 한 건 기후위기뿐만이 아니었다. 해수면 상승보다 더 빠르고 무섭게 베니스 시민의 삶을 위협한 것은 다름 아닌 오버투어리즘이다.

한때 무역이 성업하던 시절에는 인구가 30만 명에 달한 적도 있지만, 원래 베니스는 인구 17만 명 정도가 살 수 있도록 설계된 계획도시다. 그러다 이탈리아 정부가 베니스를 관광 중심의 도시로 육성하면서 인구는 더욱 줄어들었다. 1953년 17만 5천 명에서 2015년 5만 4천 명을 거쳐 2022년 베니스 인구는 4만 8천 명이 되어 5만 명 선마저 무너졌다.[6]

이런 베니스를 찾는 한 해 평균 관광객은 무려 3천만 명. 베니스 시민 한 사람이 문을 열고 나갔을 때 마주하는 관광객 비율이 1인당 350명이라는 뜻이다.[7] 문제는 단지 혼잡함이 아니다. 진짜 문제는 베니스의 골목과 광장, 집과 가게를 두고 주민과 관광객이 경합을 벌여야 하는 '투어리스티피케이션Touristificatio'이다. 이 말은 '투어리스티파이Touristify'와 '젠트리피케이션Gentrification'의 합성어로, 관광객들이 주거지역에 들어와 발생시키는 소음과 쓰레기, 주차 문제 등으로 인해 거주민들이 이주하게 되는 현상을 뜻한다. 관광객들로 인해 조상대대로 살아오던 자신들의 삶의 터전이 뿌리 뽑히는 위협이었다.

우리는 당신을
환영하지 않는다

"관광개발 업자가 호텔을 짓기 위해 당신의 집과 마을을 위협하고 있습니까? 그들이 리조트, 골프장, 경기장, 항구 또는 공항을 위해 당신의 마을과 이웃, 땅을 빼앗으려고 합니까? 에어비앤비로 인한 불법 임대 때문에 당신의 터전이 위협받고 있습니까? 관광개발은 세계 곳곳에서 평화롭고 존엄하게 살아가야 할 삶의 권리를 박탈하고 있습니다. 침묵하지 마십시오!"

2017년 9월 국제관광의 날, 베니스에서 열린 국제강제철거 법정의 공고문이었다. 3일간 베니스에서 개최된 국제 법정에는 관광으로 인해 집을 잃고 삶의 터전에서 쫓겨나고 있는 세계 곳곳의 피해자들이 증언대에 올랐다. 그들은 다음과 같은 피의자를 고발했다. 많은 관광객을 유치하기 위해 초원에서 수천 년간 살아온 마사이족을 쫓아내고, 5천여 마리 소들을 죽이고 소를 치던 원주민 50여 명을 살해한 아프리카 사파리 리조트의 개발업자와 청부경찰. 제3공항을 건설하기 위해 수십만 명의 주민들을 터전에서 쫓아내려는 인도의 인디라 간디 공항 프로젝트. 그리고 마지막 피고는 오버투어리즘으로 인한 주민들의 고통을 방치하고 있는 베니스 정부의 대량관광 정책이었다.

베니스 국제 법정 조직위는 "세계에서 가장 큰 산업 중 하나인 관광산업이 농부, 어부, 목동, 도시의 가난한 사람 등을 자신의 터전에서 쫓아내고 그들의 생존을 위협하는 도구가 되고 있다"며 강제철거 법정에서 '관광'을 피소한 이유를 밝혔다.

베니스 주민활동가 안나는 주민들의 현실을 고스란히 증언한다. "한 달 600유로 정도였던 집세가 이젠 1천 800유로를 넘어섰습니다. 학생이나 신혼부부 들은 집을 구하지 못해 도시 바깥으로 쫓겨나고 있죠. 그 빈 자리에 에어비앤비가 들어섰어요. 동네 깊숙이 들어온 여행자들은 우리가 빨래 너는 모습을 구경했어요. 우리는 밤늦게까지 그들이 내는 소음으로 잠을 잘 수도 없었죠. 크루즈가 쏟아내는 매연으로 차 한 대 없는 베니스 사람들까지 호흡 질환을 앓고 있어요. 그뿐인가요? 자고 일어나면 생선가게나 과일가게가 사라지고 그 자리에 관광객을 위한 기념품점이 생겨나죠. 유치원과 병원마저 호텔이 되는 베니스에서 어떻게 삶을 지속할 수 있을까요? 우리는 관광을 반대하는 것이 아닙니다. 관광에 도시 자체를 내어주는 걸 반대하는 거죠."

베니스를 디즈니랜드 같은 관광지가 아니라 살아 있는 사람의 도시로 지키려는 시민들의 저항은 바다 위에서 초대형 크루즈를 막아서는 '대형 선박 반대No Grandi Navi' 운동으로 터져 나왔다. 시민들이 작은 배 위에서 펼쳐든 한 장의 현수막에는 지금까지 베니스에서 본 적 없는 낯선 문장이 쓰여 있었다. "우리는 당신을 환영하지 않는다." 이러한 시민들의 거센 저항과 항의에 베니스 시는 마침내 2021년 7월, 본섬으로 들어오는 크루즈 입항을 금지하고 관광객들이 버스나 기차로 들어오도록 경로를 변경했다. 그러나 여전히 베니스를 찾아오는 관광객의 수는 줄어들 줄 몰랐다.

한 해 3천만 명의 관광객이 방문하여 오버투어리즘을 겪고 있는 베니스.

도시를 살리는 적정관광

2024년 4월 베니스 정부는 오버투어리즘 문제를 해결하기 위한 특단의 조치를 취했다. 베니스로 들어오는 주요한 입구에 게이트를 설치하고 세계 최초로 숙박객뿐만 아니라 방문자들에게도 세금을 징수하기 시작한 것이다. 하룻밤을 머물든 반나절을 머물든 베니스의 아름다움을 보려는 사람은 5유로의 입장료를 내야 한다.[8] 또 25명 이상의 단체 가이드 관광을 금지하고, 확성기를 사용한 인솔을 금지했다. 과연 그것이 얼마나 효과 있는 정책이 될지는 아직 알 수 없다.

베니스의 주거권 운동가 세사르는 정부 정책에 대한 비판의 목소리를 높인다. "5유로라는 문턱을 만들었다고 관광객이 반으로 줄어들까요? 에어비앤비와 크루즈 사업을 지금 이대로 두고 오르는 집세와 주거권을 해결할 수 있을까요?"

베니스 시의 오버투어리즘 대응책이 피상적이라는 아쉬움이 깊어질수록 활동가 안나의 목소리가 생각난다. "지금 우리가 멸종위기종입니다. 조상 대대로 도시를 지켜온 베니스 사람들이 살아갈 권리를 포기하고 고향과 이웃을 떠나고 있어요. 베니스가 주민들만을 위한 것이라고 주장할 수는 없죠. 하지만 유네스코가 베니스를 세계문화유산으로 지정한 이유는 이곳이 함께 누려야 할 아름다움을 지닌 장소이기도 하지만 함께 지켜야 할 유산이기 때문 아닐까요? 원주민들이 모두 떠난 텅 빈 베니스에 호텔과 가게만 남는다면 그건 죽은 베니스 아닌가요? 살아 있는 도시를 보기 원한다면 베니스 사람들이 살아갈 권리를 존중해 주세요. 관광지가 되어 버린 도시 한가운데서 살아가는 것 자체가 우리에겐 저항이고 운동입니다. 우리가 여기에 있습니다. 살아갈 권리를 지켜주세요."

오버투어리즘과 제로투어리즘 사이 적정관광의 길을 찾아가려는 베니스 시민들은 여행자들에게 연대를 요청한다. 베니스의 주민은 5만여 명뿐이지만 3천만 명의 여행자들이 함께해 준다면, 베니스를 파괴하는 여행이 아니라 지키는 여행도 가능할 수 있다.

두려움 없는 도시,
바르셀로나

에어비앤비 없는
도시를 선언하다

2024년 가을 아침, 구엘 공원에 가기 위해 116번 버스를 기다렸다. 그런데 분명 예전에 116번 버스를 탔던 정류소에서 기다렸는데도 30분이 넘도록 오지 않았고, 구글맵으로 검색을 해도 관련 정보를 찾을 수 없었다. 초조한 기색이 역력한 나에게 한 주민이 "116번 버스는 이제 길 찾기 정보에 안 나와요. 휴일이라 늦어지는데 곧 올 거예요"라고 알려주었다. 버스는 5분 뒤 거짓말처럼 도착해 기다리던 주민들을 총총히 태우고 차 한 대가 간신히 지날 수 있는 좁은 도로를 굽이굽이 돌며 사람들을 도착지에 내려주었다. 짐을 든 어르신, 병원을 가는 장애인 가족 등 천천히 오르고 내리는 걸음을 기다려주며 인사를 나누는 풍경이 정겨웠다.

바르셀로나 관광청에서 만난 실비아는 구엘 공원에 다녀왔다는 내 말을 듣고서 116번 버스에 관한 이야기를 들려주었다. "버스 노선 정보가 구글 지도에서 삭제된 건 단순히 민원 때문이 아니라 수년간 토론을 거쳐 이루어진 민주적 결정이었어요. 2019년 바르셀로나 시는 구엘 공원 근처 주민들의 출근과 통학을 보호하기 위해 116번 버스를 제외한 다른 버스들을 정문에서 1km 떨어진 정류장에 정차하도록 조정했죠. 그러자 여행자들이 구글 지도를 통해 116번 버스를 검색하고 이용하면서 마을버스가 온통 관광객들로 가득 찬 거예요. 116번 버스 없이는 장을 볼 수 없는 마을 사람들과 거동이 불편한 어르신들이 정작 버스를 못 타는 상황이 펼쳐졌어요. 이 문제는 지역사회 의제가 되었고 수많은 토론을 통해 시의회 의결을 거쳤어요. 그리고 마침내 구글에 요청해 노선 정보를 삭제하게 되었죠."

116번 버스 사례는 바르셀로나 시가 우선순위를 어디에 두고 관광 정책을 조정하는지 보여주는 상징적 사건이다. 사라진 것은 116번 버스의 노선 정보만이 아니다. 2024년 5월 바르셀로나 시장 자우메 콜보니는 2028년까지 바르셀로나를 에어비앤비 없는 도시로 만들겠다 공표한다. 앞으로 관광객에게 아파트 단기 임대를 금지하고, 공유숙박 플랫폼에 등록된 아파트 1만 101채의 임대 승인을 취소하겠다고 선언한 것이다. 자우메 시장은 규제의 근거로 "지난 10년 동안 에어비앤비로 인해 바르셀로나 시내 주택 임대료가 68% 올랐고, 집 구매 비용이 38%나 상승했다"고 설명한다.

그는 에어비앤비 퇴출을 통해 천정부지로 치솟은 집값을 내리고

．．．
주민들의 이동권을 위해 구글 노선정보가 삭제된 구엘 공원행 116번 버스.

주민들에게 도시에서 살아갈 권리를 보장하겠다고 밝혔다.[9] 이러한 일련의 결정에 대해 시민으로서의 의견을 묻자 지난 10년간 지속가능 관광과 포용적 관광 정책을 담당해 온 실비아는 담담히 말했다. "의미 있는 결정이죠. 하지만 그건 자우메 시장 혼자 일구어 낸 결과는 아니에요. 10년 전 오버투어리즘 문제가 심각해지면서 도시 전체가 공론의 장을 만들어 의논한 결과니까요."

도시는 팔기 위한 것이 아니다

바르셀로나는 유명세에 비해 그리 크지 않은 도시다. 101km²의 면적은 부산의 7분의 1 정도에 불과한데, 인구는 160만 명으로 부산의 절반 수준이다. 인구 밀도가 매우 높은 도시라고 할 수 있다. 지형적으로 뒤로는 피레네 산맥, 앞으로는 바다가 가로막아 도시 확장도 쉽지 않다. 160년 전 도시계획가 일데폰스 세르다에 의해 설계된 세계 최초의 계획도시로서, 주거지에서 세계적인 관광도시로 전환된 것은 불과 30년 사이의 일이다.

1992년 올림픽을 계기로 본격적인 도시 브랜딩을 시작한 바르셀로나는 관광도시로 급성장을 이루면서 코로나 이전까지 한 해 17%에 이르는 높은 성장률을 기록했다. 세계 3대 크루즈 항구, 세계 1위 마이스MICE 개최지, 일하고 싶은 도시 1위 등 관광도시로서의 명성을 드높인 결과다. 1990년 연간 200만 명이던 관광객을 2019년 코로나 이전 3천만 명까지 늘렸으며, 2022년에는 런던, 파리, 뉴욕, 베를린에 이어 가고 싶은 도시 5위를 차지하기도 했다.[10] 그런데 문제는 바르셀로나가 애당초 3천만 명의 관광객과 함께 교통이나 숙소 등의 기반시설을 공유할 수 있을 만한 크기의 도시가 아니라는 점이다. 다른 세계 유명 관광지와 마찬가지로 바르셀로나에서도 오버투어리즘은 사회적 갈등을 격발시켰다.

"도시는 팔기 위한 것이 아니라 살기 위한 것이다." 2017년 바르셀로나 람블라스 거리를 가득 메운 시위대가 든 현수막에 쓰인 문장이다. 오버투어리즘이 극에 달한 고딕지구에서는 관광객에게 돌을 던지거나 물총을 쏘는 일이 발생하기도 했다. 고딕지구는 에어비앤비 주택 비율이 가장 높은 지역 중 하나로 2010년에서 2017년 사이 주거비가 급증하면서 주민의 45%가 줄어들었다.[11] 정부가 적극적으로 관광지화 정책을 펼쳐온 2009년에서 2016년 사이, 인구는 전체적으로 11% 감소했다.

결국 크고 작은 집회와 시위가 끊이지 않았다. 40여 개 단체와 함께 오버투어리즘 반대 시위를 조직해 온 바르셀로나 주민협의회의 대표, 페라를 만난 장소는 포블레노우 도서관이었다. 포블네우 역시 도시재생으로 이른바 힙플레이스가 되면서 투어리스티피케이션 현상이 급증한 지역이다. 페라는 분노의 원인을 차분히 설명해 주었다. "가뜩이나 주거난이 심한 바르셀로나에서 시민들이 방을 얻기 위해 관광객과 경쟁해야 하는 상황에 처했기 때문이에요."

아래로부터 시작된 분노는 도시 정책을 넘어 정권을 바꾸는 행동으로 이어졌다. 2014년 5월 주민협의회 및 시민사회, 노동조합 등

사회연대경제조직들이 참여한 지역정당 '바르셀로나 엔 꼬무'는 주거권 운동가 출신 아다 콜라우를 시장으로 당선시켰다. 그가 시장이 되면서 바르셀로나는 '2020 관광계획'을 수립한다. 수용력을 기준으로 관광의 성장과 속도를 조정하는 감속주의, 분산주의 정책을 도입한 결과다.[12] 그는 오버투어리즘으로 혼잡도 상승과 주거권 침해 등이 일어나는 지역의 광고를 금지하고, 신규 허가를 멈추고, 입장 인원을 줄여가는 제로성장 정책을 펼쳤다. 반대로 관광객 방문이 적은 지역에는 대중교통망을 연결하고, 호텔 신규 허가를 내주고, 사회연대경제에 기반한 책임여행을 통한 순환 경제를 구축해 갔다.

이러한 과정의 총책임자였던 호안 또레아스는 이렇게 말했다. "바르셀로나 시의 오버투어리즘 대응 정책의 근본은 공유지를 시민에게 되돌려주는 것이었습니다. 그걸 위해 우리가 가장 먼저 한 일은 관광의 패러다임을 프로모션에서 매니지먼트로, 성장주의에서 순환경제로 전환하는 일이었죠."

성장에서 관리로

아다 콜라우 시장은 2015년 8월 바르셀로나 집값 상승의 주요 원인을 투어리스티피케이션으로 규정하며 관광에 관한 특별도시계획을 통해 신규 호텔에 대한 인허가를 전면 중단시켰다.[13] 공유경제의 범위를 벗어나는 상업적 에어비앤비 역시 규정을 만들어 단속했다. 사그라다 파밀리아 성당이나 구엘 공원처럼 인파가 몰리는 유명 관광지들은 예약제로 변경했다. 그 결과 관광객들은 오래 기다릴 필요가 없어졌고 지역 주민들은 소음과 혼잡을 견딜 필요가 없어졌다. 또 사회적, 환경적, 심리적 수용력을 고려해 장소별로 관광객의 숫자와 관광 시간을 제한했다.[14]

구엘 공원에 입장료가 부과되고 광고가 금지되면서 연간 900만 명이던 방문객은 240만 명까지 감소했다. 공원 정문 앞으로는 마을버스 외에 어떤 버스도 들어오지 못하게 하여 주거지역과 학교를 보호했다. 입장 수익은 지역사회 공공공간 신설, 공원관리, 주민체육 등을 위해 투자해 관광이 단지 일자리나 경제적 이익만이 아니라 삶의 질을 높이고 공동체에 기여하길 바랐다.[15] 또한 관광으로 인해 일어나는 문제는 주민이 참여하는 위원회를 통해 논의했다. 116번 버스 문제를 시민들과 의회가 함께 풀어낸 사례 또한 오랜 변화의 토대 위에서 가능했던 일이다.

관광은 늘 관광지만이 아니라 그 주변 풍경과 원주민들의 삶에 영향을 끼친다. 사그라다 파밀리아 성당을 찾는 사람은 한 해 4천 500만 명이지만 성당 내부까지 들어가는 사람은 2천만 명 정도로 절반이 줄어든다. 보도와 공원에서 성당의 외관만 보고 돌아가는 방문객들로 인해 주변은 늘 혼잡하고 이를 감당하는 것은 근처에 사는 주민들이다. 결국 시는 사그라다 파밀리아 성당 근처의 정주권 보호를 위해 관광버스 주정차를 금지했다.[16] 또한 주민들의 일상을 위한 상점과 공간들을 유지시키려고 기념품 가게의 증가를 제한하는 특별보호구역을 설정했다. 이러한 전환 과정에서 성당 측은 지역

사회를 위해 2천 200만 유로(약 330억 원)를 내놓기도 했다.

주민협의회 사무실에서 만난 안나는 바르셀로나 전환의 힘이 무엇이냐는 질문에 망설임 없이 답한다. "아다 콜라우 정부와 함께 정한 3가지 중요한 원칙이죠. 가장 중요한 것은 첫째, 관광개발과 투자자의 이익이 아니라 시민 전체를 위한 공공의 이익을 추구한다는 것입니다. 둘째는 도시의 지속가능성에 우선순위를 두어 어떤 로비나 특정 집단에 의해 좌우되지 않도록 하는 거죠. 마지막으로 관광을 통해 발생하는 수익은 지역사회에 환원되어야 한다는 겁니다. 구엘 공원과 사그라다 파밀리아 성당의 환원은 관광이 만들어 내는 경제적 이익이 지역사회에 순환되어야 한다는 것에 동의하는 걸음이죠."[17] 어떻게 그런 급진적 결정이 지방정부 차원에서 가능했는지 묻자 안나는 도리어 반문했다. "도시정부가 관광회사가 아니라면 당연한 결정 아닐까요?"

도시에 대한 권리, 도시에 대한 책임

바르셀로나 도시관광위원회에 참관인 자격으로 참여해 들었던 이야기도 인상적이었다. 바르셀로나 시는 2015년 5월 주민, 학계, 정치인, 전문가, NGO, 관광사업자 등 약 60여 명을 모아 도시관광위원회를 설립했다. 위원들은 지역별·직군별로 다양한 입장이 반영될 수 있도록 투표를 통해 선출되었다. 결정권을 지닌 기관은 아니지만 이곳에서 모은 의견은 도시계획에 반영될 수 있도록 의회로 전달되

. . .
각계각층에서 선출된 바르셀로나 관광위원회는 관광이 도시에 끼치는 영향을 평가하
고 조정해 나간다.

며, 회의 내용이 생중계 보도와 언론 기사를 통해 널리 공개되기 때
문에 많은 사람들의 관심을 받는다.

　그러나 '도저히 좁힐 수 없는 차이를 확인한 것이 최대의 성과'라
는 비웃음이 난무할 정도로 위원회와 의회의 입장차는 엄청났고 회
의 참여자들은 지난한 시간을 견뎌야 했다. 위원회의 구상부터 함
께한 주민협의회 전 의장이자 고딕지구 활동가 안나는 이야기한다.
"우리가 이룬 성과가 있다면 그 차이에도 불구하고 함께 견뎌낸 시
간 아닐까요? 쓸데없다고 느껴지는 시간을 견디는 힘, 그것 외에 서
로를 마주할 수 있는 방법은 없으니까요."

첫 성과는 람블라스 가로수 길의 카페 테이블 조정안으로 나타났다. 길가를 가득 채운 테이블과 의자는 관광객들에게 쉼을 주는 공간이지만 길을 오가는 아이와 노인, 시민 들의 보행에는 방해가 되었다. 어느새 보행로의 3분의 2가량을 차지한 카페와 레스토랑의 테이블을 줄이는 일은 쉽지 않았지만, 마침내 시민의 보행권을 지키자는 결론에 다다랐다. 바르셀로나는 공간의 공공성을 중시하고 거리를 누구나 이용할 수 있는 모두의 것으로 소중히 여기기로 했다. 위원회의 결정에 따라 시 당국은 람블라스 길에서 테이블이 차지할 수 있는 면적을 3분의 1로 조정했다. 작은 결정이라고 생각할 수도 있지만 여기까지 다다르는 데 무려 2년이 걸렸다. 어떻게 합의에 이르렀는지 문자 페라는 웃으며 답했다. "토론하고, 토론하고 또 토론했죠."

거리를 차 대신
삶으로 채우자

몇 해 전 처음 바르셀로나에 초대되었을 때 람블라스 길에서 바르셀로나 시청으로 향하는 모든 길은 온통 공사 현장이었다. 무엇을 위한 공사인지 물었더니 도로를 좁히기 위해 '슈퍼블록'을 만들고 있다는 상상치 못한 답이 돌아왔다. 도로를 확대하는 공사는 많이 봤어도 좁히는 공사는 처음이었다. 이런 공사를 무려 2016년에 시작하여 점점 도시 전역으로 확대했고 2024년에도 계속 진행 중이었다. 슈퍼블록은 113×113m의 정방형 블록을 9개 단위로 묶어 만드는 격자형 도로망을 가리킨다. 이 슈퍼블록 안에서는 자동차 속도가 10km로 제한되고 그마저도 주민들의 차량이 아니면 진입을 제한한다. 덕분에 교차로마다 주민들이 사용할 수 있는 작은 광장, 놀이터, 녹지가 생겨났다.[18]

바르셀로나 시는 포블레노우 지역을 포함한 4곳에서 먼저 슈퍼블록을 실험했다. 시내로의 차량 진입이 어려워져서 생기는 시민의 불편을 고려해 버스 노선을 다이아몬드 방식으로 배치했고, 걸어서 300m 이내에 버스와 자전거, 도보 이용 등이 가능하도록 이동 시스템을 재편했다. 결과는 예상보다 놀라웠다. 2019년 슈퍼블록으로 인한 사회적 효과는 녹지율 65% 상승, 이산화탄소 방출은 42% 감소, 미세먼지 오염 38% 감소를 가져왔다. 소음공해도 66.5dB에서 61dB로 낮아졌다.[19] 또한 2022년 기준 자가용 이용률 23.9%, 대중교통 18.8%, 자전거나 도보이용자가 57.3%라는 고무적인 결과를 얻었다.

슈퍼블록이 확산되며 75% 이상의 시민들이 지속가능한 거리 이용의 권리를 누리게 된 것이다.[20] 그리고 이제는 여행자들 역시 그 기쁨을 함께 누린다. 시내 어디든 머물 공간이 많은 도시, 걷기와 자전거 타기가 편한 도시가 되었기 때문이다. 도시의 모퉁이들이 자동차 도로가 아니라 삶의 공간으로 바뀌자 머무는 사람들이 많아지며 슈퍼블록 주변에는 비건카페, 스케이트 보드가게, 소품가게 등이 들어섰다. 상권이 살아나기 시작하고 거리는 차 대신 사람으로, 삶으로 가득 찼다. 곳곳에 놓인 벤치에서 사람들이 앉아 대화를 나누고, 아이들이 노는 것을 지켜보며 책을 읽기도 했다. 파티를 하는 가

· · ·
바르셀로나는 도로를 좁히는 슈퍼블록 공사를 통해 시민들의 쉼터를 확장시켰다.

족, 스케이트보드를 타는 아이들, 가드닝을 하는 삶의 풍경이 도로를 채워 갔다.

아다 콜라우 정부는 슈퍼블록을 시내 전역 503개 지역으로 확대할 것을 확정하고 한걸음 더 나아가 기존 슈퍼블록 조성 때 규정한 10%의 사회주택, 10%의 녹지, 10%의 공유공간 비율을 대폭 조정하여 신규 주택의 25%를 사회주택으로 건축하라는 정책을 발표했다. 물론 자동차를 소유한 시민들의 거센 반대는 만만치 않았다. 지금까지의 지난한 과정을 함께했던 대안 정당, 바르셀로나 엔 꼬무의 대변인이었던 안토니오는 자신들이 거센 비판 속에서도 슈퍼블록 정책을 포기하지 않았던 이유를 들려주었다.

"정책은 결국 누구의 자리에서 도시를 보느냐에 따라 결정되죠. 도시에서 가장 오랜 시간을 보내는 사람은 차를 가지고 출근하는 남성이 아니라 낮 동안 동네에 머무는 아이와 청소년, 노인과 여성들입니다. 도시의 공공공간은 모두의 것이지만 그 쓰임을 결정할 때는 힘 있는 소수가 아니라 그곳에 가장 오래 머무는 사람들의 필요를 기준으로 결정해야 한다고 생각해요."

도시 전체의 교차로를 시민들을 위한 녹지와 공원으로 전환한 아다 콜라우 시장과 바르셀로나 엔 꼬무 정당은 8년간 의미 있는 전환의 걸음을 놓았으나 2023년 정권 재창출에는 실패했다. 그러나 2024년 가을, 엔간츠 앞의 거대한 공터를 슈퍼블록으로 바꾸고 도심 한가운데 가장 좋은 위치에 사회주택을 세워가는 바르셀로나 재공유지화는 멈추지 않고 진행 중이다. 시장이 바뀌었는데 어떻게 정책이 계속되냐는 질문에 바르셀로나 사람들은 말한다. "시민은 그대로니까요."

2023년 이후에도 시 의회는 116번 버스를 주민들에게 돌려주는 결정을 내리고, 새로운 시장은 에어비앤비 없는 도시를 선포한다. 도로를 공원으로 바꾸어 보행자에게 돌려주는 도시, 탄소 절감을 향해 나아가는 도시, 사회연대에 기반한 책임여행을 통해 순환경제를 이루어 가자는 도시, 바르셀로나의 실험은 여전히 지속되고 있다.

오버투어리즘과 제로투어리즘

기후위기시대, 오버투어리즘을 일으키는 대량관광은 주거권을 위협하는 것에서 멈추어 서지 않았다. 바르셀로나 탈성장 연구소에 의하면 관광산업은 바르셀로나 GDP의 14%를 차지하고, 12만 개의 일자리를 책임진다. 그러나 동시에 전체 탄소배출량의 14%를 차지하고 있기도 하다. 그중 70%가 항공 부문이며 나머지는 크루즈를 통해 발생한다. 무엇보다 관광은 식품과 숙소를 통해서도 이산화탄소를 배출한다. 한 해 찾아오는 3천만 명의 여행자들은 시민들의 1.5배에 달하는 플라스틱 쓰레기를 배출하고 있다. 탈성장 연구소는 장거리 비행과 크루즈에 기반하는 대량관광 중심의 관광산업에서 기후위기 시대, 탄소중립 목표를 위해 탈성장 관광을 목표로 삼아야 한다[21]고 주장한다.

이는 진보적 학자들만의 의견으로 그치지 않는다. 2023년 11월 바르셀로나 포블레노우에서 열린 책임관광 컨퍼런스에서 주민협의회 역시 공식적으로 바르셀로나의 관광을 탈성장으로 전환해야 한다고 주장한다. "정부는 제로성장과 관광의 분산을 대안으로 제시해 왔다. 그러나 제로성장만으로 탄소배출 40% 감축은 이룰 수 없다. 더구나 바르셀로나의 사회-생태적 한계선은 3천만 명의 관광객을 수용할 수 없다. GDP의 14%를 차지하는 관광의 총량은 오버투어리즘 현상이 나타나기 이전인 8%를 목표로 탈성장 관광을 향해 전환해야 한다. 그것이 바르셀로나의 사회-생태적 한계선을 지키고 삶의 최저선을 지켜낼 수 있는 유일한 방법이다."

바르셀로나가 오버투어리즘으로 인해 사회적 한계선에 부딪힌 것은 누구나 아는 사실이다. 그러나 관광이 만들어 낸 환경적 부담이 바르셀로나의 생태적 임계선을 위협하는 것은 새로운 이야기였다. 실제로 바르셀로나는 해마다 강수량이 줄어 식수가 부족한 상황이다. 10월에도 한낮 온도가 20도를 넘고 가뭄이 길어지면서 가로수들이 물 부족으로 쓰러지는 사고가 일어나기도 했다. 세계 3대 분수인 몬주익의 분수쇼도 멈춘 지 오래였다.

가뭄과 도시의 물 부족 현상은 바르셀로나만의 문제가 아니다. 영국에서는 정원에 물을 주는 일이 금지되었고 네덜란드에서는 세차를 단속을 할 정도로 유럽의 가뭄은 심각했다. 특히나 물이 부족한 남유럽 관광도시들에서 수영장 문제는 큰 이슈였다. 수많은 도시에서 마실 물도 없는데 수영장이 웬 말이냐며 시민들의 항의가 일어났지만 5성급 호텔과 리조트들은 만실을 기록했고, 조취를 취한 곳은 어느 곳도 존재하지 않았다. 오직 한 곳 바르셀로나가 포함된 카탈루냐 주만이 가뭄 속에서 수영장 급수 중단을 권고했다.

책임 있는 개발이
책임 있는 여행을 만든다

포블레노우 람블라스 길을 걷다 보면 어느새 바닷가에 다다른다. 그곳엔 바다를 따라 산책로와 자전거 길이 가지런히 이어진다. 휠체어부터 유모차까지 접근 가능한 길 위에는 사람들로 그득하다. 스케이트보드장, 생활체육시설과 카페, 놀이터 같은 운동시설도 놓여 있었다. 시에서 관리하는 누드비치와 무료 샤워시설까지 구비된 바닷가에서 사람들은 유유히 일상을 누렸다.

실상 바르셀로나 바닷가에서 보이는 것들 보다 더 중요한 것은 보이지 않는 것들이다. 흔히 무분별하게 바닷가를 점유하고 경관을 사유화하는 호텔과 리조트, 바다로 오염수를 흘려보내는 식당, 가게, 술집 등은 바닷가에서 물러난 뒷길에 자리해 있었다. 바다와 바닷가를 온전히 자연과 시민의 것으로 지키기 위해 이 도시가 해 왔을 수 없는 토론과 논의들, 관광으로 먹고사는 도시의 시민들이 포기하고 양보했어야 할 수많은 권리와 제약들, 그 소중한 이야기들을 상상해 본다.

"경관은 공동체가 공간을 인식하는 방식이다. 관광이 그것의 조화를 단절시키고 질적으로 저하시킬 수 없다. 책임 있는 관광은 책임 있는 개발을 통해 진행되어야 한다. 관광은 도시의 일부이기 때문에 관광과 관련된 모든 의사 결정에는 관광의 당사자인 주민, 기업, 협동조합, 회사, 노조 등 모든 당사자가 참여해 민주적으로 결정해야 한다."

카탈루냐 정부의 책임관광 정책의 한 문장이 바닷가에 가지런히 놓여 있는 듯했다. 기후위기 시대, 지구와 바다, 자연이 참여하는 더 큰 논의의 테이블이 우리 앞에 펼쳐져 있다. 지속가능한 지구와 삶의 가치에 기반한 관광의 전환이 없다면, 탄소중립을 향해 나아가는 지속가능한 여행은 불가능한 일이라는 것을 바르셀로나에서 배우고 익힌다.

03.

탄소중립 도시,
코펜하겐

높이 85cm 벤치에
담긴 의미

덴마크의 코펜하겐 시내를 걷다 보면 시청 광장부터 호숫가까지 도시 곳곳에 놓여 있는 특이한 벤치를 발견할 수 있다. 모양과 색감은 기존 코펜하겐에 설치되었던 것들과 크게 다르지 않지만, 웬만해서는 쉽게 앉을 수 없는 무려 높이 85cm의 벤치다. 이 벤치 등받이에는 "만약 지금 아무것도 하지 않는다면 홍수는 일상이 될 것이다. 지구온난화가 계속될 경우 2100년까지 해수면은 최대 1m 이상 상승할 것이다"라는 메시지가 새겨져 있다.[22] 코펜하겐 시에서 설치한 이 벤치는 앞으로 해수면이 계속 상승할 경우 항구도시인 코펜하겐의 대부분이 잠기게 될 것임을 상징적으로 보여준다.

관광지가 아니었던, 인구 60만 명 규모의 코펜하겐이 주목받기 시작한 것은 불과 2000년대의 일이다. 더러웠던 항만과 부두가 깨끗해

지고 도시 전체가 보행과 자전거에 최적화되면서 여행지로 주목받은 것이다. 수많은 여행자들의 방문으로 4만 9천 개의 일자리가 만들어지고 막대한 경제적 수익이 창출되었다.[23] 코펜하겐 관광청에 따르면 2023년에만 1천 200만 건의 관광숙박이 늘어났다. 그러나 관광의 급증과 동시에 사회-생태적 한계를 넘어서는 오버투어리즘 문제 역시 피할 수 없었다.

고민 끝에 코펜하겐 시는 여행자들에게 도시에 머무는 동안 주민들의 라이프스타일을 존중하며 탄소중립 도시를 함께 일구어 가자고 제안하는 '로컬후드 캠페인'을 시작한다. 관광객들에게 코펜하겐의 이웃이 되어 줄 것을 요청한 셈이다.

코펜하겐의 저력

"코펜하겐도 처음부터 친환경 도시는 아니었어요." 14년째 머물며 호떡 자전거로 시작해 한식당과 여행사까지 운영하고 있는 코판 KOPAN의 대표 김희욱 씨는 깊숙이 머물며 살아온 사람의 눈으로 코펜하겐의 이야기를 들려주었다. "1970년대 초까지 덴마크는 에너지의 90% 이상을 수입에 의존하는 나라였어요. 하지만 1970년대 석유 파동을 겪으며 코펜하겐은 도시 전체의 에너지 시스템을 자급 가능한 친환경 신재생에너지로 전환하기 시작했죠. 기후위기 문제 앞에서도 가장 급진적으로 탄소중립 도시를 선언하며 도시의 교통 체제부터 에너지 시스템, 건축 규정까지 모든 것을 바꾸고 있어요."

. . .
도시 곳곳에 녹지 공간을 만들고 태양광 패널을 설치한 코펜하겐.

인터뷰를 위해 만났던 날도 하루 종일 친환경 도시재생과 건축투어를 안내하고 왔다는 김희욱 대표는 코펜하겐 공대에서 석사를 마친 공대생이었다. 코펜하겐과 덴마크가 지닌 행복의 근원이 궁금해 정주하기로 결심한 그가 처음 시작한 일은 호떡 노점이었다. 거리에 서서 코펜하겐이라는 공간과 사람들을 향해 그가 던졌던 질문과 귀 기울였던 이야기들로 여행의 길을 내기 시작했다.

"처음에는 호떡이 잘 팔리지 않아 부업처럼 시작했죠. 제가 질문이 많은 사람이어서 코펜하겐에 대해 궁금한 것들이 많았어요. 그래서 다른 사람들에게 코펜하겐을 소개할 때 도움이 되었던 것 같아요." 한 청년이 새로운 시선으로 도시에 던졌던 질문들은 하나하나 새로운 여행의 지도가 되었다. 도시재생, 지속가능 건축, 행복 문화, 디자인 등 저마다의 키워드로 탄소중립 도시 코펜하겐을 만나는 여행은 어디서도 경험하기 어려운 새로운 여정이었다. 수많은 여행자들을 안내하며 그가 발견한 전환의 힘은 덴마크의 교육과 문화적 배경이다.

"덴마크 사람들은 위기가 오면 함께 협력하고 토론하면서 더 나은 길을 모색해 극복하는 경험을 갖고 있어요. 기후위기를 풀어가기 위해 가장 필요한 것이 협력을 통한 시스템의 변화라면, 그건 덴마크가 가장 잘할 수 있는 일이 아닐까 싶어요. 학교에서도 엘리트 체육이나 단식 경기보다 팀플레이 경기를 더 중요하게 여기거든요. 코펜하겐의 건축이나 재생에너지 혹은 디자인처럼 눈에 보이는 장점도 중요하지만 소통과 협력을 통해 문제를 해결한 경험, 공동체적으로 변화를 일구어 가는 과정 자체가 가장 큰 배울 점인 것 같아요."

보이지 않는 곳부터
시작하다

코펜하겐은 자신들의 목표를 레고블록처럼 쌓아왔다. 가장 밑바탕에는 지속가능한 지구와 공존하는 삶이 있고, 그 위에 탄소중립도시, 다시 그 위에 지속가능한 관광과 로컬투어리즘을 올렸다. 또한 그러한 목표를 위해 도심에서 차를 없애고 보행로를 넓히고, 건물과 건물 사이에 삶이 있는 도시를 만들어 왔다. 보행로와 공원, 녹지와 공유공간, 자전거 도로를 끊임없이 넓혀서 2014년에는 유럽 최초의 그린 수도로 선정되었고 여행지로서도 주목받기 시작했다.

탄소중립도시는 그저 도시마케팅을 위한 문구가 아니라 코펜하겐의 도시계획 전반을 관통하는 가치다. 덴마크는 이미 1991년부터 11개의 터빈으로 풍력발전을 시작하여, 현재 전체 전력 생산량의 무려 25%를 차지하도록 성장시켰다. 특히 미들그룬덴 해상풍력단지는 해상풍력 발전의 교과서라고 불리는 곳으로, 주민들이 75%의 지분을 소유하고 있다.[24] 코펜하겐은 또한 풍력발전을 통해 260MW의 전기에너지를 생산하고 있으며 이 중 20%는 시민들이 소유한 에너지 협동조합을 통해 생산된다. 난방 수요의 98.6%는 지역난방을 통해 해결하기 때문에 도시를 위해 시골 지역을 희생시키지도 않는다. 시 당국은 모든 관용차를 전기차량으로, 시내 가로등을 LED로 바꾸었다. 또 관공서 건물에 태양광 에너지 패널을 설치했다.

코펜하겐에서는 에너지 공급을 친환경화하는 것과 동시에 에너지 소비를 줄이기 위해 오래된 건물은 단열재를 추가하여 에너지 등급을 올리고 신축 건물은 에너지 기준을 더욱 강화시켰다. 친환경 호텔을 인증해 주는 국제조직, 그린키Green Key의 대표는 "코펜하겐의 호텔과 숙소들이 70% 이상 친환경 인증을 받을 수 있었던 것은 코펜하겐이 자체적으로 건물과 에너지에 대한 친환경 기준을 분명히 세우고 탄소중립 정책이 도시계획 전반에 작동하도록 구성했기 때문"이라고 평가했다.

코펜하겐은 그린시티에서 멈추지 않고 2025년까지 세계 최초의 탄소중립 도시를 달성하겠다는 목표를 세웠다. 그 전환의 여정을 시민과 함께 창조적이고 지속가능한 방식으로 만들어 가기 위해 시 당국은 '함께 만들어 가는 코펜하겐Co-Create Copenhagen'이라는 슬로건 아래 구체적인 방향을 제시한다. 첫째는 살기 좋은 도시, 두 번째는 혁신적인 도시, 그리고 마지막은 책임 있는 도시다.[25] 그리고 이 모든 것을 포괄하는 키워드는 '유쾌한 지속가능성Hedonistic Sustainablity'[26]이다.

유쾌한 지속가능성은 덴마크 건축가 비야케 잉겔스가 만들어 낸 개념이다. 지속가능성이 윤리적이고 의무적인 과제나 가치가 아니라 즐겁고 쾌적한 일상의 경험, 공간과 장소에서 느끼는 삶의 기쁨으로 감각되기를 바라는 철학을 담고 있다. 잉겔스는 스스로 건축과 도시설계의 목표를 "생활의 질과 일상의 기쁨을 더해 가는 지속가능성"에 두고 있다고 밝혔다. 단지 건물과 도로를 건설하는 것이 아니라 지속가능한 자연에 지속가능한 삶이 깃드는 도시를 설계하며 탄소중립 도시의 새로운 일상을 구축해 가겠다는 뜻이다.

보행자 광장과 자전거 전용도로, 누구나 접근할 수 있는 바다 수영장과 바다 공원, 1년 내내 지붕에서 스키를 탈 수 있는 탄소제로 열병합발전소까지, 코펜하겐 사람들은 자신들의 도시를 기후위기 시대 1.5℃ 라이프스타일을 직접 경험할 수 있는 곳으로 함께 만들어 가고 있다. 코펜하겐의 지속가능성 가치와 기술이 담긴 건축은 2023년 유네스코 세계건축도시에 지정되었다.

자동차보다 빠른 자전거

100년 전 세계 최초로 자전거 전용도로를 만든 코펜하겐에는 현재 860km에 달하는 자전거 도로가 조성되어 있다. 그래선지 자전거 대 자동차 비율이 무려 6 대 1에 달한다. 시민들은 자동차보다 5배 많은 74만 5천 대 이상의 자전거를 소유하고 있다. 아침이면 자전거를 타고 등교하는 아이들과 출근하는 사람들로 도로가 빼곡하다. 시에서는 2022년 더 나은 자전거 인프라 구축을 위해 1천만 유로를 추가로 투자했다.[27] 도시와 운하를 가로지르는 거대한 자전거 전용 다리 위를 달릴 때면 탄소중립 도시의 미래를 미리 경험하는 기분이 든다.

머무는 동안 내가 가장 자주 이용한 교통수단은 동키리퍼블릭

. . .
자동차보다 자전거를 더 많이 이용하는 코펜하겐 사람들.

Donkey Republic 공유자전거다. 이유는 단순하다. 코펜하겐에서는 자전거가 가장 빠르고 저렴한 이동수단이기 때문이다. 한 달 4만 원 남짓한 공유자전거 앱을 다운받으면 하루 2시간 사용이 무료다. 시청이 있는 구도심에서 왕립도서관까지 길 찾기를 해 보면 자동차로는 25분 거리가 자전거로 7분이다. 믿어지지 않아 다른 앱으로 확인해 봐도 결과는 동일하다. 도심을 가로지르는 자전거 전용 도로 덕분에 교통 체증을 감내해야 하는 자동차보다 빠르게 도착하는 것이다.

인피니티 풀 대신
항구에서 수영을

코펜하겐의 맑은 바다와 아름다운 항구는 그냥 얻어진 풍경이 아니다. 1990년대 중반까지 코펜하겐 항구는 어업과 조선업 공장 등의 활동으로 오염이 심각했다. 이 문제를 해결하기 위해 시 당국은 저수지를 만들고 수로를 폐쇄하여 항구로 흘러가는 물을 정화하는 시스템을 구축했다. 2002년 항구가 다시 개방되면서 현재 유명한 관광지로 자리매김한 뉘하운 운하 등이 주목받기 시작했다. 시민들의 노력으로 되찾은 항만과 바다를 공유지화하기 위해 시에서 공원과 공공수영장을 만들었고, 하버파크Harber Park와 하버바스Harber Bath는 새로운 코펜하겐 라이프의 상징물이 되었다.

하버파크는 항구를 따라 형성된 부둣가 기능이 쇠락하면서 만들어진 공원이다. 하버파크가 시민들의 사랑을 받기 시작하자 시 당국은 항구를 따라 나무 난간을 설치해 시민들이 물을 더 가까이서 즐길 수 있도록 공유공간을 넓혀갔다. 특히 시청에서 남동쪽으로 1.5km 정도 떨어진 도심 속의 '브뤼게스 하버바스brygge harbor bath'는 비야케 잉겔스 건축그룹이 디자인한 대표적 작품으로 하버 해변을 한 단계 더 발전시킨 부유식 수영장이다. 이곳은 코펜하겐 시민들의 물에 대한 사랑, 깨끗한 항구에 대한 자부심을 상징한다. 시민들은 선박 뱃머리를 개조해 만든 다이빙대에서 언제든 바다로 뛰어들 수 있고, 추운 날에도 사우나와 수영을 즐길 수 있다.

수영장은 시민은 물론 여행자에게도 활짝 열려 있다. 코펜하겐이 추구하는 탄소중립 도시는 지속가능한 라이프스타일을 시민들의 일상 속에 깃들도록 하는 것이고, 그러한 목표는 여행자들에게도 적용되고 있었다. 플라잉타이거의 창업자이자 디자이너인 레나르트가 세운 지속가능한 로컬호텔, 카날후셋은 매주 수요일 여행자들을 하버바스 수영장으로 초대한다. 이것은 호텔 서비스가 아니라 운하 곁의 공공수영장에 가서 수영과 노래를 부르며 아침을 맞이하는 코펜하겐 라이프로의 초대다. 5성급 호텔 투숙객이 아니라 호스텔에 묵는 여행자들에게도 코펜하겐의 항구수영장은 언제든 열려 있다.

코펜페이, 지속가능하고 책임 있는 로컬투어

코펜하겐을 여행하는 동안 가장 자주 열어본 지도는 '코펜페이 Copen pay' 맵이다. 코펜페이는 코펜하겐 관광청인 원더풀 코펜하겐에서 2024년 여름 4주간 운영했던 지속가능한 도시와 지속가능한 여행을 위한 파일럿 여행 프로그램이다. 화폐 형식을 빌려 쓰레기를 주워오면 무료 스키를, 자전거로 미술관에 찾아가면 친환경 예술워크숍을, 유기농장 자원봉사에 참여하면 비건 점심을, 해양 쓰레기를 수거하는 이들에겐 무료 카약 이용을 보상하는 방식으로 진행되었다. 4주 내내 24곳의 호스트들이 탄소중립 라이프스타일과 지속가능여행을 경험할 수 있도록 시민과 여행자 들을 도시 곳곳으로 초대했다.

코펜페이 담당자 엘리자베스는 "코펜페이의 핵심은 탄소중립을 실천했을 때 보상을 받음으로써 지구와 지역사회, 여행자 모두에게 이로운 방식으로 여행하는 경험을 나누는 것"이라 말한다. 4주간 진행된 코펜페이에 참여한 시민은 무려 5만 명이 넘었고, 언론에도 5천 건 이상 보도될 정도로 큰 관심을 받았다.

이런 여행 프로젝트를 기획하게 된 이유는 무엇일까? "기후위기를 걱정하는 사람은 많지만 여행에서 그것을 실천하는 건 생각보다 어렵죠. 여행자의 83%가 지속가능한 여행을 선택하고 싶어 하지만 실제로 선택하는 사람은 22%에 불과다고 해요. 60%의 사람들은 마음은 있지만 행동으로 나아가진 못하죠. 하지만 행동과 참여에 긍정적 보상이 있다면 그것을 통해 욕구와 행동 사이의 격차를 줄여갈 수 있지 않을까 생각했어요. 그 첫걸음을 돕기 위해 기획된 것이 코펜페이입니다." 엘리자베스의 설명을 통해 코펜페이의 성공 요인을 확인할 수 있었다.

프로젝트 기간은 끝났지만 코펜페이 맵은 여전히 코펜하겐을 경험할 수 있는 공간과 장소, 프로젝트들로 여행자를 연결해 준다. 유쾌한 지속가능성을 상징하는 친환경 폐기물 발전소, 코펜힐Copenhill에 가면 누구나 85m 건물 꼭대기까지 푸른 잔디를 걸어 올라가거나, 리프트를 타고 오를 수 있다. 산이 없는 코펜하겐에서 사계절 스키나 썰매를 타며 탄소중립 도시의 전경을 감상할 수 있는 곳이다. 또 공유자전거를 타고 하버바스에 가서 수영과 사우나를 즐기고 태양광 보트를 타며 바다에서 코펜하겐을 감상하는 것도 가능하다. 봄부터 여름에는 그린카약을 타고 바다로 나가는 것이 좋고, 자전거를 타고 운하를 달리는 일은 연중 어느 때고 좋다.

엘리자베스는 여행자와 시민이 함께 탄소중립 도시를 향해 나아가는 것이 중요하다고 말한다. "시민들이 아무리 자전거를 타고, 대체에너지를 이용하고, 지속가능 미식을 한다고 해도 코펜하겐을 찾는 한 해 800만 명 이상의 여행자들이 지속 불가능한 방식으로 머문다면 탄소중립 도시는 불가능한 일이니까요." 마지막으로 장기적 목표를 묻는 질문에 그는 웃으며 답한다. "코펜하겐에서 탄소중립 여행을 경험한 사람들이 자신의 일상으로 돌아가서도 탄소중립 라이프스타일을 지속적으로 실천하는 거죠. 그 첫걸음이 코펜하겐에서 시작되길 바라요."

관광의 기준을 바꾸다

코펜하겐 시는 여행객 숫자로 관광을 평가하고 계획하던 대량관광 정책 대신 관광이 도시와 삶 그리고 환경과 지구에 끼치는 영향을 측정하고 평가하고자 노력했다. 이들은 첫 번째 기준으로 '얼마나 많이 왔는가'가 아닌 '얼마나 다시 왔는가'라는 관광객 재방문율을 측정 기준으로 삼았다. 두 번째는 친환경 책임여행의 개발과 실천이었고, 세 번째 기준은 관광을 통해 얼마나 지역경제에 도움이 되었는지를 판단했고, 네 번째는 관광의 지속가능성에 대해 평가했다. 원더풀 코펜하겐은 이를 통해 정책을 조정하고 장기적인 계획을 수립해 나아갔다.

결과는 성공적이었다. 설문조사 결과, 시민들 역시 관광이 환경과 지역을 파괴하는 것이 아니라 경제적 효과와 함께 지역의 가치와 삶의 질을 지키는 도구가 된다면 관광에 대해 지지를 보낼 것이라고 답했다.[28] 오버투어리즘과 기후위기는 코펜하겐에서도 역시 비켜서기 어려운 난제지만, 코펜하겐이 결국 위기 앞에서 찾은 길은 시민이 도시에 바라는 가치와 우선순위를 분명히 하는 것이었다.

"코펜페이는 관광객을 늘리기 위한 프로모션이 아니"라는 엘리자베스의 말처럼 코펜하겐은 단지 브랜딩이나 마케팅 차원이 아닌 탄소배출량을 기준으로 도시의 변화를 관리해 가고 있다. 2021년 코펜하겐 시는 이미 2021년 목표한 탄소배출량의 72.1%를 감축했다. 그러나 더 놀라운 것은 코펜하겐 시민들의 탄소배출량 변화다. 시 당국의 발표에 의하면 2023년 기준, 코펜하겐 시민들의 연간 1인당 평균 이산화탄소배출량은 4.9톤으로 1990년 대비 25% 감소했다. 덴마크에서 코펜하겐을 제외한 다른 지역 사람의 경우 연평균 9.9톤, 미국인의 경우 연간 19톤에 달한다. 참고로 한국인은 2022년 기준 코펜하겐의 2배를 훌쩍 넘어서는 13.9톤을 배출했다.

코펜하겐의 사례는 지속가능한 도시를 만들기 위해서 시민은 물론 여행자도 함께 변화해야 함을 확인시켜준다. 2025년 세계 최초의 탄소중립 도시를 목표로 정부와 시민 전체가 20년째 노력하고 있는 코펜하겐은 기후위기 시대 우리가 지구에 머문다는 것이 무엇인지 알려주는 장소다.

4장

1.5℃ 기후여행을
위한 실천

1.5℃ 기후여행,
일상을 바꾸는 새로운 시작

2020년 룬드 대학 스테판 교수의 연구팀은 리스폰서블 트래블과 공동으로 여행과 탄소배출량에 대한 의미 있는 연구 결과를 발표한다. "여행에서 가장 큰 탄소배출원은 교통수단이고, 음식 및 숙박시설 같은 다른 탄소배출원은 여행자의 체류 기간이 늘어날수록 줄어들기 시작한다"는 것이다.[1] 즉 비행기를 덜 타는 것이 가장 효과적인 탈탄소 여행이지만 비행기를 대체할 수 없다면, 가능한 한 여행지에 오래 머무는 것이 탄소배출량을 최소화하는 길이다.

연구진은 구체적인 절감 효과를 다음과 같이 제시한다. "만약 당신이 친환경 숙소에 머물며, 채식을 중심으로 식단을 구성하고, 생태적인 체험 활동을 선택한다면 이산화탄소환산량CO_2e을 기준으로 영국 성인의 하루 평균인 약 22kg의 절반 수준인 10kg로 줄일 수 있다. 더 나아가 여행에서 돌아온 여행자가 여행지에서 행했던 탈탄소 라이프스타일을 일상에서 유지한다면 연간 탄소배출량을 50% 가까이 줄일 수 있다. 여행이 새로운 일상의 시작점이 될 수 있는 것이다."

스테판 교수팀은 보고서를 결론지으며 탄소제로 여행의 중요성에 대해 이렇게 말한다. "교통수단뿐 아니라 우리가 머무는 숙박시설의 에너지와 우리가 먹는 음식의 탄소배출량을 계획하고 측정해야 한다. 어떤 경우 당신이 휴가 기간 동안 먹은 음식의 탄소배출량이 당신의 교통수단 배출량보다 더 클 수도 있기 때문이다." 함께 연구를 진행한 리스폰서블 트래블의 대표 저스틴 프랜시스는 "탄소제로 휴가의 경험이 중요한 이유는 휴가 뒤 돌아온 일상에서도 내가 이동하고, 머물고, 마시는 모든 선택이 탄소를 배출하고 기후위기에 위험을 가중하고 있다는 감각을 형성할 수 있기 때문이다"라고 강조한다.

기후여행은 지구가 몇 개씩 존재하는 것처럼 생활하고 여행했던 제국적 생활양식에서 1.5℃ 라이프스타일로 전환해 가려는 기후여행자들의 새로운 실천이다. 우리가 다른 가치와 기준을 가지고 여행을 경험한다면, 돌아온 일상에서도 지구를 생각하고 지역을 돌보는 새로운 일상을 시작할 수 있다. 여행은 평소 무심히 먹고 마시고 자고 이동하던 모든 것을 새롭게 선택하는 시간이기 때문이다.

새로운 키워드와
플랫폼으로 떠나자

『약한 연결』의 저자 아즈마 히로키는 "여행은 우리의 검색어를 바꾸기 위해 몸의 장소를 바꾸는 유일한 해법"이라고 이야기한다.[2] 그의 말처럼 몸을 움직이지 않는다면 우리는 좀처럼 쉽게 일상의 알고리즘에서 빠져나오지 못한다. 치앙마이에서 휴가를 보내기 위해 검색을 한다고 가정해 보자. 기후위기를 생각한다면 치앙마이와 함께 하위 검색어로 '취향'과 '장소'만이 아니라 '가치'에 해당하는 키워드를 입력해 보면 어떨까? 제로웨이스트, 비건, 코끼리, 가드닝, 로컬마켓, 자전거 등의 단어들이 당신을 지속가능한 여행으로 연결시켜 줄 것이다.

가치 키워드를 입력하는 방법은 확장과 전환이다. 치앙마이 맛집이라는 평범한 검색어를 치앙마이 비건, 치앙마이 로컬푸드, 공정무역 커피 등으로 확장하거나, 치앙마이 럭셔리, 가성비 숙소라는 검색어를 치앙마이 제로웨이스트, 친환경 숙소로 전환해 보면 새로운 경험을 시작할 수 있다.

새로운 검색어는 새로운 플랫폼으로 연결된다. 지구촌 곳곳에서 가난한 이웃들을 내몰고 관광객에게 집과 땅을 내어주는 에어비앤비 대신 페어비앤비Fairbnb, 에코비앤비Ecobnb 등으로 플랫폼을 확장해 보자. 검색 플랫폼을 바꾼 것만으로 세계 곳곳에서 순환경제와 대안경제를 꿈꾸며 로컬에서 작은 실천을 해 나가는 수천수만의 사람들과 연결된다. 덜 자주 여행하되 더 오래, 더 깊이 머무는 여행을 하고 싶다면 우프WWOOF나 워크어웨이Workaway를 이용해 보자. 돈이 아니라 시간과 삶을 교환하길 원하는 이들을 찾을 수 있다. 전 세계 200여 개국 5만여 명의 호스트가 자신의 집과 마을에 머물며 새로운 이야기를 나누어갈 여행객을 기다리고 있다.

함께 만들어 가는 여행 지도

숙소와 맛집을 고르는 기준이 가성비 혹은 가심비였다면 탄소배출량을 기준으로 새로운 필터를 설정해 보자. 내가 선택한 이동수단과 호텔에서 배출되는 탄소의 양은 얼마나 되는지, 건축은 지속가능한 자재로 지어졌는지, 내가 쓴 물과 쓰레기는 머문 곳의 강과 숲을 오염시키지 않는지, 내가 수영한 물이 누군가의 마실 물은 아니었는지, 내가 지불한 돈이 외부로 빠져나가지 않고 지역사회의 사람과 삶을 위해 순환되는지 꼼꼼히 살펴보고 필터링할 수 있다.

내가 묵는 호텔에서 내 침대시트를 빨고 청소하는 이들의 인권과 안전을 지켜주는지, 호텔 식당은 지역의 농부들과 연결되어 있는지, 호텔에서 쓰이는 에너지는 지역에서 생산된 대체에너지인지 아니면 먼 곳에서 온 화석연료 에너지인지 살펴보자. 처음에는 이런 과정이 번거롭고 어렵다 생각될 것이다. 그러나 수백 개의 리뷰를 보며 숙소를 고르고 맛집을 찾듯 탄소배출량과 가치비용을 기준으로 한 다른 선택은 충분히 가능한 일이다.

기후여행자가 늘어날수록 기후위기를 가속화하는 1.5℃ 온도 상승이 억제될 가능성은 더욱 커진다. 그렇게 다른 선택을 고민하고 실행하다 보면 이런 행복한 상상이 떠오를 수도 있다. 나와 같은 고민을 하는 다른 사람들과도 연결될 수 있지 않을까? 그 사람들과 새로운 대안과 희망의 지도를 함께 그려볼 수 있지 않을까?

어쩌면 그 방법은 아주 쉽고 간단한 것일 수도 있다. 내가 묵었던 숙소가 재활용 건축과 재생예술로 지어진 곳이라면, 숙소에서 사용한 물이 정원을 통해 정화되고, 조식에 올라오는 농산물이 로컬 유기농 농부들의 밭과 연결되어 있다면, 내가 간 음식점이 지역의 전통 레시피를 계승하고 기후미식을 실천하는 곳이라면, 그런 새로운 여행의 키워드로 해시태그를 걸어서 다른 이들에게도 소개해 보자. 보다 많은 사람들이 대안적이고 가치 있는 여행 정보를 쉽게 찾을 수 있을 때 연결의 접촉면이 넓어지며 변화의 폭은 한층 넓고 깊어질 것이다.

취향에 가치의 키워드를 더하며 새로운 검색어를 입력하고 다른 플랫폼에 연결되기 시작할 때, 기후위기의 생태적 한계선인 1.5℃ 지구 온도 상승을 막아내는 우리의 실천은 도덕적 의미를 넘어 실제적인 영향력을 발휘할 수 있다.

이번 장에서는 개인적으로 경험했던 구체적인 기후여행 키워드와 플랫폼 등을 소개한다. 독자들도 세계 곳곳에서 기후위기를 멈추고, 지역과 삶을 지키고, 인간과 비인간이 공존하는 새로운 희망의 지도를 그려주시길 바란다.

01.

어떻게
움직일까?

햄버거보다 싼 비행기[3]

2024년 10월 코펜하겐에서 바르셀로나로 넘어가는 3시간짜리 항공권의 가격은 2만 7천 원, 심지어 날짜와 시간을 자유롭게 맞출 수 있다면 런던뿐 아니라 베니스, 포루토, 파리, 코펜하겐, 베를린 등 유럽의 어느 도시로든 햄버거 한 세트를 먹을 돈이면 살 수 있는 항공권이 수두룩했다.

2024년은 '기후플레이션'이라는 신조어가 나타난 해이기도 하다. 기후위기로 인해 과일이나 채소와 같은 식료품 값이 모두 오르는 현상을 가리키는 표현으로, 기후위기가 만들어 내는 인플레이션 현상을 함축한 단어이다.[4] 그런데 모든 가격이 오르는 세계 속에서 어떻게 항공권만이 점점 저렴해지는 것일까? 리스폰서블 트래블은 저렴한 항공권이 가능한 원인을 오픈스카이Open Skys 정책에서 찾는다.

오픈스카이란 항공에 대한 과잉공급과 가격 경쟁에 대한 규제의 부재로 탄소배출량이 무제한 허용되고 있는 현재의 상태를 뜻한다.

항공권이 저렴할 수 있는 또 하나의 이유는 휘발유와 달리 국제항공유는 세금 및 부가가치세가 면제되고 심지어 해마다 각국 정부에서 보조금을 지불받기 때문이다. 영국의 경우만 보자면 항공사에 연간 약 100억 파운드(약 18조 원)의 세금을 감면해 주는 셈이라고 한다. 이렇게 항공산업에 지원하는 세금 면제와 보조금 혜택을 가구당으로 계산해 보면 영국 가정 1가구당 240파운드(약 40만 원)에 달하는 규모이다. 영국뿐만 아니라 대부분의 국가는 항공연료에 세금을 부과하지 않을뿐더러 이를 다른 국가와 상호 합의하여 운영 중이다.[5] 사실 이러한 약속은 기후위기에 대한 인식과 문제 제기가 시작되지 않았던 수십 년 전 체결된 1944년 시카고 협약에 기반한다. 이때부터 엄청난 세금이 부과되는 자동차용 휘발유와 달리 국제 항공유는 세금 및 부가가치세를 면제받고 있다.

저렴한 항공권의 원인을 살피다 보면 항공산업이 가진 특성과 마주하게 된다. 무엇보다 항공산업은 개인 비즈니스가 아니다. 항공산업이 존재하기 위해서는 공항 건설부터 도로, 교통 등의 엄청난 인프라를 구축해야 하고, 이 모든 일에 국가의 세금이 필요하다. 세계자연기금WWF에 의하면 전체 인류의 5% 정도만이 항공여행을 다닐 수 있는데, 이를 위해 나머지 95%가 세금을 통해 항공산업과 인프라 구축을 지원하고, 이산화탄소배출을 허용해 주고 있다. 전체 이산화탄소배출 총량의 5%를 차지하는 항공산업에 대해 전 세계가 막대한 보조금을 지불하는 셈이다. 이렇듯 규제가 부재한 상황 속에서 항공업계는 자신들이 2030년까지 지금보다 300배 정도 더 성장할 것이라 예측하고 있다.

더구나 항공산업에는 오염자 부담 원칙이 적용되지 않기 때문에 무임승차 효과까지 누린다. 항공업계는 소비자들에게 탄소배출을 위해 기부할 것을 권하며, 자신들이 전기 항공기, 친환경 연료, 수소 전지 개발을 위한 투자 등 다양한 노력을 하고 있음을 홍보한다. 그러나 놀랍게도 교토의정서나 파리기후협약서 어디에도 국가의 실행 계획에 항공과 국제 해운에 대한 실천 사항은 포함되어 있지 않다. 즉, 탈탄소 정책이 항공산업의 의지에 달려있을 뿐 누구도 강요할 수 없다는 것이다. 어떤 국제기구나 국가에서도 규제나 압력을 행사할 수 없는, 거대한 양의 탄소를 배출하지만 아무것도 책임지지 않는 항공산업을 어떻게 바꿀 수 있을까?

2022년 10월 유엔국제민간항공기구ICAO의 191개 회원국은 탄소 상쇄 방식을 사용하여 국제항공 배출량을 제한하는 협정에 동의했다. 여기 더해 리스폰서블 트래블은 영국 항공사들에게 기존의 여객 관세를 개혁하는 친환경 비행 세금을 의무화하자고 제안한다. 이 법안은 항공사의 세금 감면 혜택을 종료하여 더 높은 가격을 통해 비행 수요를 줄이며, 그 과정에서 나온 수입은 전기 비행에 대한 투자와 항공여행을 탈탄소화하는 다른 방법에 사용하도록 한다.[6]

이러한 법안이 정착하더라도 변화의 책임은 항공기를 통해 국경을 자유롭게 넘나드는 여행자들의 몫으로 남는다. 실제로 비행기 여행을 부끄럽게 여기는 플뤼그스캄Flygskam 캠페인을 통해 2020년 스웨덴에서는 단기적으로 항공 이용자가 약 9% 감소한 사례도 있다. 그러나 그 효과의 지속성은 담보하기 어렵다. 결국은 기후여행자들의 참여가 있어야 정책과 제도의 변화가 긴 물결을 그려나갈 수 있다.

단거리 국내 항공선을 폐지한 프랑스

프랑스의 기후법은 기후시민의회CCC 제안으로 시작되었다. 기후시민의회는 지난 2019년 4월 마크롱 대통령의 유류세 인상 등에 대한 반대 시위로 거리를 점령했던 노랑조끼 운동에서 시작된 사회적 공론장이다. 계급 갈등과 경제 불평등의 해결을 위해 다양한 사회 의제들을 함께 논의하자며 시작된 '대토론Grand débat'은 기후위기까지 포괄하며 시스템의 전환을 요구하기에 이르렀다.[7]

기후시민의회에는 150명의 시민들이 참여해 '사회적 정의 정신에 입각해 2030년까지 온실가스 배출량을 최소한 40% 감축하고, 구체적 방안들을 명확하게 하는 것'을 목적으로 2019년 10월부터 2020년 6월까지 9개월간 운영되었다. 이들은 2020년 6월 21일 149개의 정책 제안이 담긴 기후법을 국회에 제안한다. 기후법에는 교통 문제뿐 아니라 2040년까지 난방시설 등 전반적인 에너지 소비 체계를 전환시킬 계획이 담겨 있었다. 또한 2028년까지 호텔을 포함한 모든 건물이 재생에너지, 친환경에너지를 사용하지 않으면 임대를 할 수 없도록 요구했다.

프랑스 의회는 위와 같은 제안들을 반영하여 2021년 4월 15일 면적 1만m² 이상의 대형 쇼핑몰 건설을 금지하는 법안을 표결에 부쳐 통과시켰다. 이때 사회 전반적으로 육식을 줄여가고 농산물을 보호하기 위해 일주일에 한 번은 학교에서 비건메뉴를 제공하는 내용의 법안도 가결되었다. 무엇보다 기업들의 조직적 생태계 파괴를 막기 위해 과도한 플라스틱 포장재 사용 등을 범죄로 규정, 법적 제재를 가할 수 있는 에코사이드법도 함께 선포되었다.

그리고 마침내 2021년 5월 프랑스 의회는 시민 대토론과 기후시민회의를 통해 의제로 올라온 프랑스 기후법을 통과시킨다. 전 세계에 가장 큰 놀라움을 준 내용은 국회가 2시간 30분 이내 기차로 다다를 수 있는 거리의 국내선 비행기 운항을 폐지하기로 결정한 것이다.[8] 프랑스 주요 도시인 낭트, 리옹 그리고 보르도를 오가는 노선 등이 적용 범위에 포함되었다. 사실 기후시민의회에서는 기차로 4시간 이내에 이르는 경우를 제안했으나 국회에서는 2시간 30분을 기준으로 축소했다. 비행기 이동 거리를 규제한 이유는 같은 거리를 여행할 때 기차에 비해 단거리 운항 비행기가 무려 77배의 탄소를 배출하기 때문이다.

사실 이미 파리에서는 도시 구조를 이른바 '15분 도시'로 전환하는 것을 추진 중이었다. 걸어서 15분 안에 필요한 모든 것을 누릴 수 있는 도시를 목표로 자전거 도로를 늘리고 대중교통과의 연계성을 높이며 보행로를 조정한 것이다. 그런 맥락에서 기후법 이전부터 자전거 구매 보조 지원과 2040년까지 화석연료를 사용하는 자동차 판매를 중단하는 법안도 함께 통과된 전력이 있다.[9] 프랑스 의회는 시민들의 이동과 선택에 대한 권리를 보장하는 차원에서 국내선 운항 폐지와 동시에 기차의 배차 시간을 늘렸다. 해당 지역에 대해 당일 출발, 당일 귀환이 가능하도록 조정한 것이다.[10]

국내 단거리 항공을 줄이고 기차의 연결망을 구축해 시민의 생태적 선택권을 확보하는 시스템으로의 전환은 여행자에게도 새로운 선택을 불러일으킨다. 건물과 에너지에 대한 탄소감축 정책은 보다 친환경적인 호텔 및 공유숙박의 증가를 뜻하기 때문이다. 결국 여행자의 인식 전환과 새로운 선택은 시스템의 전환과 동시적으로 이루어질 때 비로소 적절한 효과를 낳을 수 있다.

49유로 티켓으로 누리는 즐거움

만약 영국 1가구당 약 40만 원을 지급하는 수준인 항공산업 보조금을 비행기가 아닌 철도와 버스, 대중교통에 지원한다면 어떤 일이 일어날까? 2022년 독일에서 실험한 '9유로 티켓'은 한 달간 9유로(약 1만 3천 원)만으로 독일 전역을 운행하는 기차뿐 아니라 교외기차, 트램, 버스까지 사용가능한 티켓이다. 독일 국민의 3분의 2가 구입하며 5천만 장에 달하는 판매량을 기록할 정도로 폭발적인 반응을 가져왔다. 이 실험은 한 달 동안 190만 톤의 탄소 절감 효과를 만들어 내고, 자동차 운행 비율을 10% 감축시켰다.

독일은 이 제도를 발전시켜 2023년 49유로(약 7만 원) 티켓(2025년부터 58유로로 조정)을 시작한다. 이 티켓은 시민들에게도 도움이 되었지만 점점 운영이 어려워지던 철도산업에도 긍정적 영향을 끼쳤다. 무엇보다 사람들이 기차를 타고 도착한 지역의 크고 작은 도시들에도 활력을 가져왔다. 이동성과 편의성이 가져다주는 자유는 가난한 청년, 학생, 이주자 들에게도 작은 소도시를 여행하는 즐거움을 선물했다. 투어리즘 와치의 크리스티나는 "49유로 티켓 덕분에 대학생, 청년, 노인은 물론 다양한 시민들이 그동안 교통비 부담으로 가보지 못했던 독일 곳곳을 여행할 수 있었고, 수많은 소도시들이 활력을 찾게 되었다"고 평가했다.

전 세계 여행자들이 방문하는 포르투갈 리스본 역시 2023년 11월, 49유로 티켓을 출시했다. 이 티켓은 내국인뿐 아니라 해외여행자들도 구입이 가능했다. 기존 유레일패스로 기차여행을 하려면 하루 평균 10만 원 정도의 비용을 지불했던 것과 비교하면 1회 편도 비용에도 못 미치는 저렴한 가격이다. 이때 파리 역시 49유로 티켓 도입을 결정할 정도로 유럽에서는 다시 이동수단으로서 철도가 주목을 받고 있다.

이에 반해 한국에서는 제주를 필두로 10여 개의 지역 공항을 추진하고 있다. KTX로 3시간이면 전국을 이동할 수 있는 한국에서, 공항 대신 철도를 더 촘촘히 연결하고, 시민들에게 철도요금을 월 7만 원 정도로 낮추어 준다면 어떨까? 1년에 3천만 명씩 해외로 향하는 한국 여행자들이 보다 가까운 지역으로 여행을 떠난다면, 지역과 장소감을 형성하는 관계인구가 늘어날 수도 있을 것이다. 기후 위기 시대에 우리가 더 신경 써야 하는 것은 공항 건설이 아니라 기차를 비롯해 탄소를 덜 사용하는 대중교통 연결망이다. 이렇게 된다면 지역이 활성화되고, 도시와 그 주변의 삶이 연결되는 새로운 여행의 시대가 올 수 있지 않을까.

☑ 비행기를 타지 않는 여행,
바이웨이 트래블

바이웨이 트래블은 비행기를 타지 않는 여행을 제안하는 최초의 플라이트프리flight-free 여행사이다. 이 여행사의 홈페이지에는 이스탄불 유럽-아시아 여행, 유럽에서 모로코를 찾아가는 여행, 바르셀로나-타라고나 미식여행, 야간열차 여행 등 새로운 여행의 키워드들이 반짝이며 사람들을 기다린다.

바이웨이 트래블의 여행 프로그램을 3가지로 정리하면 "당신의 탄소 배출을 줄이세요. 대신 여행을 즐기세요. 멈추어 로컬을 만나세요"로 축약된다. 비행기 대신 기차, 트럭, 보트, 페리, 자전거까지 모든 세상의 이동수단을 통해 알려지지 않은 곳을 찾아가는 새로운 여행을 제안하는 것이다. 비수기 여행, 늦여름 여행, 크리스마스 여행, 조금 느린 여행 등 속도와 계절에 따라 여행을 디자인하기도 한다.

"여행은 새로운 곳을 발견하는 즐거움이죠. 사람들이 제 인스타그램이나 여행후기를 보고 자꾸 물어왔어요. 어떻게 그런 여행을 할 수 있느냐고. 그래서 답했죠. 비행기 대신 다른 방법으로 세상을 여행해 봐, 자주 멈출수록 그만큼 재미있는 일이 많이 생길 거야." 바이웨이 트래블의 대표 캐트 조니스의 SNS는 도시와 도시를 이동하는 여정 자체를 즐기고 싶은 사람들에게 많은 관심을 얻고 있다. 여행자와 로컬을 연결하고 개인이나 소그룹의 취향과 가치의 키워드에 따라 다른 여행의 콘텐츠를 제공하는 것이 이 여행사의 인기 비결이다.

여행 스타트업을 시작한 이유를 묻는 질문에 그는 "여행 정보를 묻는

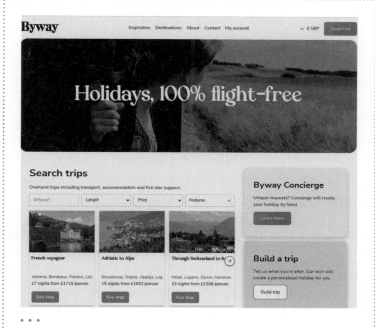

바이웨이 트래블 여행사는 비행기를 타지 않는 다양한 여행을 제안한다.

질문에 일일이 대답하기 힘들어서"라고 농담처럼 말하지만, 그것이 바로 사람들의 수요였다. 바이웨이 트래블은 2023년 현재, 엑소더스 트래블, 리스폰서블 트래블 등 거대 여행사들과 제휴를 맺고 비행기를 타지 않는 여행 경로와 프로그램을 안내해 주는 방식으로 빠르게 성장했다. 여행사로서는 드물게 'B콥 인증'[11]을 획득한 곳이기도 하다.

　"한 점에서 점을 이동하는 비행기 여행은 단조롭죠. 하지만 기차여행을 생각해 보세요. 당신이 어느 역에서 내려 어떻게 환승하느냐에 따라 수십 가지의 가능성을 열어주잖아요. 기차 안에서 보내는 창의적인 시간도 비행기 안에서 사육당하는 느낌의 시간에 비하면 훨씬 자유롭지 않나요. 비행기를 타며 느꼈던 양심의 가책으로부터 자유로워지는 것도 덤이죠. 기차여행을 계획할 때 저는 꼭 낯선 도시에 일부러 잠시 내렸다 타는 환승여행을 계획해요. 잠시라도 어딘가 새로운 곳에 연결되는 느낌을 얻게 되니까요. 우리는 의무감에 비행기를 줄이는 여행을 선택하라고 하기보다, 더 풍요롭고 창의적인 여행을 위해 비행기 대신 다른 선택들을 하도록 사람들의 연결을 도울 뿐이죠. 다른 정보가 있다면 다른 선택이 가능해지니까요."

바이웨이 트래블은 새로운 콘텐츠를 통해 사람들에게 보다 매력적인 여행을 제안하는 것으로 여행의 방식을 바꾸고 있다고 자부한다. "그것이 스타트업으로서 저희가 해 나가고 있는 일들이에요. 당신의 여행을 뻔한 스토리가 아니라 보다 흥미롭고 다채롭게 만들어 갈 수 있도록 돕는 일, 탄소배출을 줄이고, 로컬 깊은 곳으로 들어가 새로운 여행을 즐길 수 있도록 돕는 일이죠." 📍

✛ 바이웨이 트래블 www.byway.travel

☑ 탄소배출을 계산해
이동 계획을 세우자

이제는 구글 지도부터 항공권 구매 사이트까지 거의 대부분의 모빌리티 플랫폼에서 이동에 따르는 탄소배출량 정보를 제공한다. 여행자가 할일은 그중 가장 탄소배출량이 적고 지구와 지역사회에 필요한 방식을 선택하는 일이다.

길 찾기 앱인 시티맵퍼citymapper는 어느 도시에 도착하든 도시 내 모든 이동에 대한 최적의 경로와 더불어 탄소배출량을 계산해 준다. 특이한 기능 중 하나는 무장애 이동을 위한 스텝프리Step-Free 경로다. 어느 도시든 장애인의 이동권이 보장될수록 모든 사람들이 이동하기 좋은 도시가 된다. 휠체어가 갈 수 있는 경로라면 유모차, 거동이 어려운 어르신, 무거운 짐을 든 사람 모두에게 편리하다. 유럽은 우리나라와 달리 에스컬레이터나 엘리베이터 이용이 어렵기 때문에 캐리어를 끌고 대중교통을 타게 될 경우 이 경로를 잘 확인해 보길 권한다. 그리고 그곳에 스텝프리 경로가 없다면 리뷰를 남기고 설치를 요청해 보자. 스텝프리 경로가 확장될수록 도시의 이동성과 함께 포용성도 높아질 것이다.

또 국가 간 이동이 많은 여행을 준비할 경우, 이동 전 교통수단별 탄소량을 비교해 보고 계획을 세우는 것도 탄소배출을 줄일 수 있는 효과적인 방법이다. 📍

➕ 시티맵퍼citymapper

교통수단 탄소량을 측정해 주는 웹사이트

✦ **카본풋프린트 carbonfootprint.com**
교통수단별 배출량을 계산해 준다.

✦ **아트모스페어 atmosfair.de**
항공여행에 특화된 탄소배출량 계산기는 물론, 다른 교통수단 정보도 제
공한다.

✦ **마이클라이메이트 myclimate.org**
개인의 여행이나 이동에 따른 탄소배출량을 계산할 수 있는 기능이 있다.

✦ **쿨클라이밋 coolclimate.org**
개인의 탄소발자국을 측정하고, 교통수단별 배출량을 비교할 수 있는 도
구를 제공한다.

☑ 저탄소 여행을 돕는
교통과 애플리케이션

저가항공 대신 국경을 넘는 버스를

저가 항공의 대가는 그리 저렴하지 않다. 까다로운 짐 규정, 항공사마다 다른 기준과 적용으로 탈 때마다 마음을 졸이곤 한다. 한밤중 목적지에서 2시간 이상 떨어진 외딴 공항에 도착한 당황스러운 기억도 있을 것이다. 무엇보다 저가항공으로 인해 가장 큰 대가를 지불하는 건 지구생태계다.

가격 때문에 저가항공을 선택했다면 이제 버스로 눈을 돌려보자. 국경을 자유롭게 넘는 다국적 장거리 버스의 등장은 기차와 비행기 사이 새 길을 연다. 플릭스 버스Flixbus는 우버나 에어비앤비처럼 버스를 소유하지 않은 버스 회사다. 유럽은 물론 북미, 심지어 남미까지 전 세계 여러 노선을 운행하고 있다. 베를린-프랑크푸르트처럼 기차 노선이 있는 구간에

• • •
국경을 넘나드는 플릭스 버스.

선 플릭스 트레인도 검색된다. 이동하는 동안 배터리 충전, 화장실 사용 등이 가능하며 20kg 정도의 트렁크도 허용된다. 짐의 개수와 무게에 까다롭지 않다. 주요 도심에 정류장이 있어 숙소 가장 가까운 위치에서 하차할 수 있는 것도 장점이다.

공항에 내려 도심까지 들어가는 데도 1~2시간, 2~3만원이 드는 유럽 여행에서 플릭스 버스는 지불가능하고 지속가능한 선택지다. 지금까지 높은 비용과 불편함 때문에 육로 이동을 포기했다면 합리적인 가격의 저탄소 이동으로 경계를 넘는 이동을 선택해 보자.

✚ 플릭스 버스 global.flixbus.com

비행기보다 쉽고 편한 이동을 돕는 앱

유럽 기차 여행자라면 유레일패스를 샀음에도 다시 좌석을 예매하기 위해 나라별 기차 사이트에 들어가 복잡한 과정을 밟고 수수료를 지불하느라 진땀을 뺀 기억이 있을 것이다. 2010년 시작된 서비스인 오미오 Omio는 국경을 넘는 기차, 버스, 비행기, 페리, 카풀 서비스를 비롯해, 특정 지역은 물론 국경을 넘는 이동까지 길 찾기와 예매를 한 번에 도와주는 사이트이자 앱이다. 예를 들어 밀라노에서 베를린까지 경로를 검색하면 기차와 국경을 넘는 저가버스는 물론, 로컬 교통수단까지 추천해 주고 예매도 가능하다.

이 앱은 다른 장점도 많은데, 그중 일부를 소개하면 다음과 같다. 기차나 페리의 티켓 구매는 물론 예매에서 좌석 배정까지 다른 사이트나 앱으로 넘어가지 않고 바로 결제가 가능하다. 유럽처럼 국경을 많이 넘는 여행에서 국가별로 기차 앱을 깔고, 버스회사, 페리회사 앱을 따로 찾아서 설치하는 수고와 고민을 덜어준다. 또한 사람뿐 아니라 차를 실어 페리에 탑승한 뒤 침대칸까지 배정 받는 예약이 한 번에 가능하다. 비행기보다 결제가 쉬울 뿐더러 짐 규정도 까다롭지 않다. 기본 7kg에 20kg 수하물을 가지고 탈 수 있고, 무게가 조금 초과되더라도 까다로운 검사가 없다. 버스터미널이나 중앙역 같은 정해진 위치가 아니라 공항버스처럼 도심 주요한 위치에서 출발, 도착하는 노선이 검색되어 여행을 한결 쉽게 만들어 준다. 기차나 육로로 찬찬히 여행하고 싶지만 가격 때문에 포기하고 저가항공 중심으로 여행하던 패턴을 저탄소 여행으로 변경하는 데 큰 도움을 준다.

✚ 오미오 omio.com

도시를 넘나드는 공유자전거 앱

나라가 바뀔 때마다 자전거 앱을 다시 다운받고 로그인하는 것이 번거롭다면 다국적 공유자전거 앱을 깔아보자. 북유럽이나 런던처럼 대중교통이 비싼 도시라면 자전거는 지구뿐 아니라 여행자에게 큰 도움이 된다. 코펜하겐 여행을 마치고 넘어온 바르셀로나에서도 자전거를 빌려서 도시를 여행하는 데 아무 제약이 없었다. 대표적으로 덴마크에서 시작된 스타트업 동키리퍼블릭이나 라인 등의 공유자전거 앱이 있다. 코펜하겐, 바르셀로나 같은 도시에서는 자동차 길이 막히는 경우가 많아 오히려 자전거를 이용하면 자유롭고 빠른 이동이 가능하다. 📍

✚ 동키리퍼블릭 Donkey Republic

☑ 바다 여행을 위한
1.5℃ 이동

해양산업은 전 세계 탄소배출량의 3%를 차지한다.[12] 해운업계에도 친환경, 탄소중립의 과제는 엄중하게 요구되고 있지만, 기존의 대형 크루즈는 1척당 자동차 1만 2천 대 가량의 매연을 배출한다. 미국 크루즈 여행사들의 로비에 의해 만들어진 법으로 인해, 지금까지 크루즈는 기항하는 항구의 연안 바다에 쓰레기를 투척해 바다를 오염시키는 주범이 되었다. 기존 크루즈를 대신할 이동수단에는 어떤 것들이 있을까.

탄소제로 크루즈

노르웨이 크루즈 회사인 후티루텐 노르웨이Hurtigruten Norway는 크루즈 운항 중 생겨난 음식물 쓰레기를 퇴비로 만드는 시스템을 갖추고 있다. 이 퇴비를 이용해 수확된 작물은 다시 크루즈 여행자들의 식사 재료로 사용된다. 음식 쓰레기를 해결할 뿐만 아니라 지역의 농부들을 돕는 이로운 순환이다. 또한 2018년부터 선박 내 모든 일회용 플라스틱을 제거해 주목을 받았다. 이처럼 환경을 고민하는 후티루텐은 2030년까지 탄소중립 크루즈선을 만들겠다는 야심찬 계획을 발표했다. 항구에서 충전 가능한 전기 배터리를 동력원으로 하며 태양전지 패널로 개폐식 돛을 만들 예정이다.

그러나 이러한 전환은 크루즈가 배출하는 탄소배출의 증가 폭에 비해 느리고 더딘 걸음이다. 친환경 크루즈가 아니라면 가능한 크루즈 여행은 피해야 한다. 대량의 화석연료를 태우며 이산화탄소, 아황산가스 등을 내

뿜는 크루즈 위에서는 아무리 플라스틱 빨대를 쓰지 않고, 다회용 컵을 쓴다고 한들 크루즈가 배출하는 탄소를 상쇄할 길이 없다.

탄소제로 페리
유럽을 여행한다면 페리도 대안적 대중교통이다. 페리 역시 화석연료를 대신하여 친환경 전기연료를 사용하는 탄소중립 여객선을 만들기 시작했다. 노르웨이 기업 하이크HYKE는 태양전지 패널과 배터리의 조합으로 동력을 얻는 배를 만들었다. 스마트 시티 페리는 여객 50여 명을 태울 수 있고, 액자처럼 넓은 통유리, 야외 난간, 자율 주행 기술을 자랑한다. 노르웨이에서 첫 운항을 시작했으며 점차 운항 경로를 넓힐 계획이다. 탄소제로 페리의 확대는 도시 내 교통 체증을 완화하고, 교통수단이 비교적 덜 발달한 교외 지역으로의 접근성도 높여 시민들에게도 환영받고 있다.

태양광으로 움직이는 보트
코펜하겐은 수많은 배와 요트, 화물선이 드나드는 항구도시이기 때문에 물 위에서 코펜하겐을 만나보는 것도 좋은 경험이 된다. 고보트 GoBoat는 운하 위에서 아름다운 건축도시 코펜하겐을 바라볼 수 있는 친환경 태양광보트다. 최대 8명이 탑승할 수 있고 테이블이 있어 음식과 대화를 즐길 수 있으며 스스로 배를 운항할 수도 있다. 바다를 만나고 즐기면서도 지구를 존중하는 법을 경험하도록 해 준다.

컨테이너 화물선 여행
비행기 없는 세계 일주를 꿈꾸는 사람들이 늘어나고 있다. 그러나 한국처럼 비행기를 안 타면 한 발자국도 나갈 수 없는 사람들에게 그건 그리 쉬운 일이 아니다. 또 크루즈 여행의 경우 2~3천만 원에 달하는 크루즈 비용은 물론이거니와 크루즈가 배출하는 탄소배출 역시 만만치 않다. 이때 검색해 볼 만한 새로운 여행 키워드가 바로 카고쉽 트래블cargo ship travel이다. 내가 타든 타지 않든 매일매일 거대한 배 위에 컨테이너를 싣고 움직이는 화물선에 탑승하여 세상을 여행할 수 있는 방법이다. 화물선 여행 사이트에서는 이렇게 소개한다. "1명이 타든 1,001명이 타든 항해하는 동안 똑같은 기름이 듭니다. 당신의 여행을 화물선과 함께 가장 친환경적인 탄소중립 여행으로 만들어 보세요."

컨테이너 화물선에 있는 선실을 사용하고, 하루 세끼의 식사를 제공받는 대가로 지불하는 비용은 약 100달러, 14만 원 정도이다. 화물선이기 때문에 탑승 가능한 인원은 10명 남짓으로 적은 편이다. 주로 유럽에서 미국, 유럽에서 유럽으로 화물 운반 일정이 미리 공지되니, 내가 원하는 경로와 일정이 있는지 확인해 보자.

일반 크루즈처럼 선상 프로그램이 다양하지 않고 경로도 적지만, 어디서도 할 수 없는 독특한 경험이 펼쳐질 것이다. 선원들이 탑승자를 위해 갑판에서 바비큐를 해 주거나, 항해사실로 초대해 배의 경로와 항해 상황을 보여줄 수도 있다. 선원들의 삶과 연결되는 새로운 시간이 될 것이다. 📍

02.

어디에
머물까?

끝없이 물과 전기가
흐르는 호텔

여행 경험이 쌓일수록 좋은 숙소를 고르는 일이 여행에서 얼마나 중요한지 알게 된다. 그래서 교통편을 선택하고 숙소를 예약하고 나면 이미 여행의 반쯤은 완성한 느낌이 든다. 좋은 숙소였든 나쁜 숙소였든 누군가에게 경험을 공유하기 위해 열심히 리뷰를 남기는 것도, 다른 여행자가 고생하지 않고 좋은 경험을 공유했으면 하는 여행자들의 마음일 것이다.

한국문화관광연구원의 통계에 따르면 우리나라 국민들이 해외여행 시 가장 많이 이용하는 숙박시설은 89.8%로 호텔이 압도적 1위를 차지했다.[13] 트렁크를 끌고 5성급 호텔에 도착해 럭셔리한 휴식을 즐기는 로망을 실현하기 위해 한국 관광객들은 유럽보다는 아시아를 많이 여행한다. 베트남의 경우 5성급 호텔 1박의 가격이 10만

원대로 유럽의 5분의 1 가격이면 꿈꾸는 휴식을 즐기는 일이 얼마든지 가능하다.

결국 "지속가능한 여행을 하고 싶지만 비행기는 업그레이드 하고 싶어", "기후위기가 걱정되지만, 숙소는 호텔에 묵고 싶어" 하는 마음이 우리가 지금 서 있는 자리인 것이다. 바쁘고 압착된 사회에서 살아남기 위해 노동하다가 간신히 탈출한 여행인 만큼 자신을 충분히 대접하고 싶은 마음이 드는 것도 당연하다.

병원 다음으로 많은 전기를 사용하는 호텔

그러나 호텔은 관광산업 전체에서 약 20%의 탄소배출량을 차지한다. '1.5℃ 라이프스타일 가이드북'에 의하면 하룻밤 호텔 숙박에서 발생되는 온실가스 배출량은 85.19kg[14]에 달한다. 하루 스키를 타는 것으로 배출되는 온실가스가 48.9kg(프랑스 기준), 하루 골프를 치며 배출되는 탄소 25.7kg에 견주면 하룻밤 호텔에 머무는 것이 얼마나 많은 탄소배출을 만들어 내는지 실감할 수 있다.[15]

호텔은 24시간 불을 밝히고 누군가를 맞이하거나 돌보아야 하기 때문에 도시 전체를 놓고 봐도 병원 다음으로 전기를 많이 사용하는 건물이다. 또 다른 건물들에 비해 잦은 리노베이션과 인테리어 변경 등으로 탄소와 폐기물을 많이 배출한다. 여름과 겨울 냉난방 역시 주거용이나 사무용 건물에 비해 과도하게 사용되는 편이다. 매일 빨아야 하는 침대시트나 수건, 일회용 어메니티, 조식 뷔페부터 다이닝까지, 이로 인한 탄소배출량 또한 어마어마하다. 리스폰서블 트래블에 의하면 4성급 이상의 호텔은 지역의 작은 소규모 부티크 호텔이나 게스트 하우스에 비해 20배 이상의 전기와 자원을 사용하고 있다.

탈핵·기후위기 제주행동에 의하면 제주에서 가장 전기를 많이 사용하는 건물은 제주 드림타워라고 한다. 2위는 서귀포 신화월드 3위는 제주 신라호텔이다. 제주에 존재하는 약 13만 2천 동의 건물 중에 제주 드림타워가 사용하는 에너지는 총사용량의 4.9%에 달한다. 여기에 2위를 차지한 신화월드의 전기 사용량을 더하면 전체 사용량의 10%에 육박한다.[16] 그러나 아무도 기후 악당이 되어버린 호텔과 관광산업에 책임을 묻지 않는다. 뿐만 아니라 제주에서 가장 많은 양의 물을 사용하는 시설을 분류해 보면, 1위 골프장, 2위 호텔과 리조트이고, 3위는 전국에 물을 판매하는 삼다수의 취수량이 차지했다.[17]

여행자를 위한 물과 전기가 따로 있는 건 아니다

물과 전기는 무한한 것이 아니라 한정된 소비재이며, 무엇보다 그 자원은 지역의 주민들과 함께 사용해야 하는 공유재이다. 투어리즘 컨선에 따르면 호텔이 마을에 들어서게 되면 객실 하나당 하룻밤 1.5톤의 물을 보유해야 하고, 워터파크나 인피니티 풀이 있다면 3.5톤까지도 물 사용량을 확보해야 한다.[18] 인도 고아지역의 5성급 호텔은 인근 20개 마을 주민들이 쓸 물의 양을 모두 가져다 사용하기도 했다. 아프리카에서도 건조 지역에 사파리 리조트가 들어서며 그 지역에서 유목을 하던 원주민들이 쫓겨나고 농사도 짓지 못하는 일들이 펼쳐졌다.

2022년 가뭄이 지속되던 영국에서는 정원에 물을 주는 일이 금지되었고 낮 온도가 40℃를 돌파하자 물 사용량 급증을 막기 위해 수압을 낮추었다. 네덜란드에서는 샤워시간을 제한하기도 했다. 2023년 가뭄이 극심했던 이탈리아 북부지역 역시 정원에 물 주기, 운동장 물 뿌리기 등이 금지되었다. 또 피사 지역에선 식수와 샤워 외의 용도로 수돗물을 사용하다 걸리면 약 500유로(약 75만 원)의 벌금이 부과되었다. 심지어 볼로냐 인근 소도시에선 미용실에서 손님이 두 번 이상 머리를 감지 못하는 조치까지 취해졌다.

수많은 유럽의 도시들이 가뭄과 폭염에 시달렸지만 호텔의 수영장에 물을 채우는 것을 금지한 곳은 스페인 바르셀로나가 속한 카탈루냐 주뿐이었다.[19] 바르셀로나 관광청 호안 또레아스는 호텔 수영장의 물을 막은 이유를 이렇게 이야기한다. "시민이 먹고 마시는 일이 우선하기 때문이죠. 물은 한정된 자원이며 공유재이기 때문에 호텔이더라도 기후위기 시대에는 관리되고 조정되어야 해요." 공유재인 물과 바람, 강과 바다가 시민을 위해 관리되지 않고 관광이라는 경제 행위를 위한 자원으로 먼저 간주된다면, 이는 공정하지 못할 뿐만 아니라 궁극적으로는 관광분야의 미래 역시 지속가능할 수 없도록 만들 것이다.

코펜하겐은 식수를 친환경적으로 관리해 시민과 여행자들이 플라스틱 물병 없이 언제든 거리에서 수돗물을 마실 수 있도록 '탭 워터' 시설을 1천 곳 이상 설치했다. 원더풀 코펜하겐 홈페이지에 안내된 지속가능 관광 가이드라인을 통해 코펜하겐을 여행할 때면 텀블러를 가지고 탭 워터에서 수돗물 음용을 권한다. 한 도시의 물은 여행자와 시민들의 공유재이기 때문이다.

바르셀로나 역시 바다로 이어지는 보행로를 넓히고, 접근성과 공공성을 높여 시민과 여행자 모두가 바다를 즐기고 공유할 수 있도록 안내한다. 바닷가에는 1년 내내 운영되는 샤워장, 탈의실, 사우나 등이 있으며 이러한 시설에 무장애 접근이 가능하도록 장비를 갖추고 있다. 또 지나친 상업시설로 물이 오염되지 않도록 수변공간을 공공시설로 관리한다. 휴가 중 내가 쓰는 수영장 물이 누군가의 마실 물은 아닌지 염려된다면 여행하는 곳의 자연에 설치된 공공 수영장, 탄소제로 수영장을 검색해 보자. 바르셀로나뿐 아니라 프랑스 파리 센강의 조세핀 베이커 풀Josephine Baker Pool, 독일 베를린 슈프레강의 바데시프Badeschiff 등이 유럽 곳곳에 설치되어 있는 자연친화적 수영장들이다.[20]

☑ 숙소를 고르는 새로운 필터, 지속가능성

2024년 스카이스캐너 여행 트렌드 보고서는 한국 여행자 80%가 내년에 여행 기간과 비용을 늘릴 의향이 있으며, 그중 20%는 비행기와 호텔의 업그레이드에 돈을 더 지불할 의사가 있다고 밝혔다. 안락하고 호화로운 여행을 자신에게 선물하는 이른바 스몰럭셔리가 새로운 유행으로 자리한 것이다. 그러나 동시에 부킹닷컴의 조사에 의하면 여행자의 70%가 숙소를 선택할 때 지속가능성을 실천하는 숙소를 선택하고 싶다고 답했다. 그러나 막상 여행 준비를 시작하면 목적지에서 친환경적인 조건을 갖춘 숙소를 찾기가 쉽지 않다.

다행히 코로나 이후 지속가능하고 공정한 여행에 대한 수요가 증가하며 지속가능한 숙소를 예약할 수 있는 도구를 개발한 검색, 여행 사이트가 증가했다. 업계에서 가장 큰 호텔 예약 사이트인 부킹닷컴은 2020년부터 지속가능성 인증 숙소 레벨을 선택할 수 있도록 검색 기능을 개편했다. 이제 호텔을 선택할 땐 지속가능성 인증 여부를 확인해 보자.

보통 호텔을 예약할 때는 도시, 지역, 숙박일수, 인원을 정한 뒤 원하는 옵션을 설정하기 위해 좀 더 좁은 범위의 필터를 선택한다. 조식 포함 여부, 시내 중심가에서의 거리, 호텔의 등급, 1박 예산 범위, 예약 무료 취소 등이다. 이러한 필터를 자세히 살펴보면 '지속가능성'이라는 카테고리가 있다.

일회용 생수병을 제공하는지 혹은 다회용 물병을 사용하는지, 효율성 높은 변기를 쓰는지, 수건 재사용이 가능한지, 에너지의 온실가스 감축 효과가 있는지, 현지 가이드나 사업체가 운영하는 투어 및 액티비티 상품을 제공하는지, 투숙객에게 지역의 생태계와 문화 관련 정보를 제공하고 방문객으로 지켜야 할 에티켓을 안내하는지, 야생동물을 포획해 숙소에 전시하거나 그러한 액티비티를 판매하지 않는지 등등 제법 깊이 있는 내용들을 확인하고 예약할 수 있다. 여행자들은 예약 전 해당 호텔이 여러 조건들을 얼마나 제대로 실천하고 있는지 살피고, 더 궁금한 사항이 있으면 메시지를 보내 문의하거나 요청할 수 있다. 부킹닷컴 사이트에 등재된 지속가능성 인증 숙소는 125만 곳 이상이다.

그러나 과연 '지속가능성 인증 숙소'가 기후위기 시대에 숙소를 고르는 기준으로서 충분할까? 이들 숙소들이 가장 많이 참여하는 것은 주로 1단계, 수건을 매일 바꿔주지 않거나, 침대 시트 교체를 하지 않는 등 여행자의 선택으로 세탁을 절감하는 방법이 주를 이룬다. 엄밀한 의미에서 그런 실천은 지구를 위한 것이기도 하지만 경비 절감 요소가 더 크다고 볼 수 있다.

호텔업계가 지속가능한 숙소로 나아가기 위해선 대체에너지 사용, 물의 순환과 정화, 친환경 건축 자재, 로컬푸드를 통한 땅과 농업 지키기 등 보다 적극적인 실천이 필요하다. 한걸음 더 나아가 호텔 노동자들의 인권과 권리를 보장하고 무장애 접근성, 대중교통 접근성 등을 높여 사회 인프라 자체를 지속가능한 것으로 바꾸어야 한다.

구글 역시 최근 항공권 및 숙소 검색 기능을 추가하며 여행자들이 숙박업소의 지속가능성 정보를 투명하게 얻을 수 있도록 숙소 검색에 '친환경 인증' 정보를 보여주는 기능을 넣었다. 구글은 부킹닷컴보다 엄격한 기준을 적용해 호텔의 건축 및 건물과 관련한 기준들을 추가했다. 여기엔 환경경영인증ISO14000, 친환경관광인증Earth Check, 친환경건축물인증 LEED등 약 29개의 친환경 인증 프로그램이 등록되어 있으며, 물·폐기물·에너지·자재 수급 분야의 지속가능성 정보를 명시하고 있다.

친환경 마크를 획득하기 위해선 제3자의 검증을 받아야 한다. 국내에서는 글로벌 호텔 브랜드 힐튼과 인터콘티넨탈 소유의 숙소가 친환경 마크를 받았지만 국내 기업 중에서는 아직 없다. 만약 여행을 계획하고 있다면 내가 머무는 호텔에서 배출하는 탄소의 양이 어느 정도인지, 지속가능성 인증을 받은 건물인지, 지속가능성을 실천하는 숙소인지 조금 더 꼼꼼하게 따져보자. 물론 이러한 인증이 아니더라도 로컬의 오래된 건물을 리모델링한 재생건축, 지역의 전통을 활용해 냉난방을 자연적 방식으로 하는 건물, 로컬푸드와 채식 중심 식단을 제공하는 곳이라면 더할 나위 없다. ⊙

숙소를 선택하는 새로운 기준

✚ 탄소중립 호텔인지 확인하자. 가능하다면 대규모 호텔보다 지역호텔, 소규모 호텔을 선택하자.

✚ 지속가능성 인증 숙소인지, 몇 단계를 실천하고 있는지, 친환경 인증이 있는지 확인하자.

✚ 전통건축 양식과 문화를 보전하는 건물, 신축보다는 재생건축을 추진한 숙소를 선택하자.

✚ 친환경 물건과 대체에너지를 사용하는 건물, 지역의 수자원을 오남용하지 않는 곳을 선택하자.

✚ 일회용품, 플라스틱 물병 사용 여부 등 제로웨이스트 정책을 확인하자.

✚ 어떤 식재료를 사용하는지 확인하고 로컬푸드, 유기농, 공정무역 재료를 사용하는 곳을 우선하자.

✚ 대중교통과 무장애 접근 가능성 등을 확인하자.

☑ 친환경 숙소 인증 시스템, 그린키

지속가능한 숙소를 찾고 싶지만 그린워싱이 아닌지 염려가 될 때면 인증 받은 기관을 먼저 확인해 본다. 그중 그린키Green Key 인증이 있다면 일단 안심하고 예약을 진행한다. 코펜하겐에서 시작된 그린키 인증은 1994년 시작되어 호텔업계에 지속가능성과 공정성의 기준을 제시해 왔다. 그린키는 관광, 서비스업계에서 지속가능하고 친환경적인 운영을 하는 시설들에 수여되는 권위 있는 국제 인증 프로그램으로 주로 체인호텔을 대상으로 한 시스템이다.

2002년부터 덴마크 내부의 호텔들을 넘어 국제인증기관으로 성장한 그린키는 2022년 기준, 전 세계 3천 200여 개의 여행 관련 공간들을 인증했다. 그린키는 호텔뿐 아니라 여행에 관계된 대부분의 공간에 대해 심사와 인증을 진행한다. 캠핑장, 놀이공원, 컨퍼런스 센터, 관광지, 레스토랑 등의 시설이 해당된다. 그린키 인증을 받기 위해서는 친환경, 지속가능 운영에 관한 13가지 분야에서 80여 개 필수 항목과 70여 개의 선택 항목을 충족해야 한다. 호텔 건물의 건축자재 및 단열, 빗물 저장 및 사용 에너지의 순환 시스템과 식당의 식재료 공급 시스템부터 음식물 쓰레기의 처리, 친환경 제품 사용 여부, 플라스틱 사용 제한 등 지속가능성의 가치가 적용되고 있는지 전방위적 심사 기준을 통과해야 한다.

구체적으로 레스토랑과 바 등 식음업장의 고객 동선에서 플라스틱을 사용하지 않아야 하며 객실 내에서도 일회용 치약, 생수 병 외에 모든 제품을 플라스틱이 아닌 제품으로 제공해야 한다. 더불어 지속가능한 교통수단인 자전거 대여 서비스 등도 평가 항목에 포함된다. 코펜하겐은 도시 전체의 숙박시설 중 60%가 그린키 인증을 받았고, 약 70%가 친환경 인증을 받은 호텔이다. 그린키는 단지 호텔만이 아니라 게스트 하우스, 호스텔, 캠핑장과 5성급 호텔까지 다양한 범위의 숙소를 포함한다. 그린키 뿐 아니라 아래의 다른 친환경 숙소 인증도 확인해 보자. 📍

✚ 그린키 Green Key

친환경 숙소 인증

✚ 어스체크 EarthCheck
　　호텔의 에너지 사용, 물 소비, 폐기물 관리 등을 과학적 데이터에 기반해 평가하여 지속가능한 관광개발을 촉진한다.

✚ 비콥 B Corporation
　　사회적 책임 및 환경적 지속가능성, 비즈니스 모델과 운영의 사회적, 환경적 영향을 평가하며, 다양한 이해관계자에 대한 책임을 중시한다.

✚ 그린 글로브 Green Globe
　　특정 기준에 대한 평가를 통해 인증을 부여하며, 환경 관리, 사회적 책임, 경제적 지속가능성을 포괄적으로 다룬다.

☑ 에어비앤비 대신
페어비앤비

주민들의 집과 삶을 빼앗은 에어비앤비

2007년 시작된 공유숙박 플랫폼 에어비앤비에는 192개국, 약 700만 개의 숙소가 등록되어 있다. 전 세계 400만 개의 방을 보유한 힐튼, 메리어트 등 대표적 호텔들의 총 객실 수를 훌쩍 넘는 양이다. 런던 시내에만 무려 7만 7천 개의 에어비앤비가 등재되어 있었는데, 그중 한 호스트는 무려 881채의 에어비앤비를 등록해 기업적이며 조직적인 형태의 영업 활동을 세금도 없이 운영해 공유숙박업을 불법적으로 악용한 대표적 사례로 꼽힌다.[21]

2014년 암스테르담 도시계획 전문가는 오버투어리즘의 한 원인으로 '에어비앤비 이펙트Airbnb Effect'라는 개념을 주창했다.[22] 에어비앤비 증가율은 도시 월세 증가율과 연동되어 있으며, 주거지역의 관광지화로 인한 주거권 침해, 오버투어리즘으로 인한 삶의 질 저하 등에 영향을 미친다는 것이다.[23]

캐나다 맥길 대학이 2014년 9월부터 2017년 8월까지 맨해튼 지역의 월세와 에어비앤비 확장의 상관관계를 연구한 결과 에어비앤비 증가에 따라 4년간 월세가 700달러 상승했다는 연관성이 입증되었다. 세입자들이 살던 집들을 장기 임대하기보다 수익성 좋은 단기 임대 형식의 에어비앤비로 전환하면서 월세 매물은 급격히 줄었고 맨해튼에서 집을 구하기는 하늘의 별따기가 되었다.[24] 오버투어리즘 현상이 나타나는 도시일수록 에어비앤비 임팩트는 크고 강력하다. 에어비앤비로 인해 지역의 월

세가 올라 주거난이 발생하고 주거지역이 관광지화되면서 삶의 질이 떨어지는 현상을 일컫는 에어비앤비케이션Airbnbcation이라는 신조어도 생겨났다. 결국 이러한 사태를 관망할 수 없었던 도시들은 뒤늦게 규제 정책에 나섰다.

2024년 5월 바르셀로나는 시민들의 주거권 보호를 위해 2028년까지 에어비앤비 없는 도시를 선언한다.[25] 약 4만 4천 개의 에어비앤비가 등록된 뉴욕 역시, 2023년 9월부터 공유숙박업소를 대상으로 단기임대등록법을 시행하고 있다. 이들의 기존 연간 임대일수를 30일로 제한하고, 숙박 인원을 투명하게 명시하도록 규제를 더욱 강화한 것이다.[26] 과잉관광으로 인해 관광오염이라는 신조어까지 만들며 관광혐오를 드러내던 교토는 2018년부터 주거전용지역으로 지정된 곳에서는 1월부터 3월까지만 공유숙박을 할 수 있도록 조례를 제정했다. 그 결과 에어비앤비에 등록된 일본 내 숙소 6만 2천여 개 중 80%에 달하는 4만 개가 사라졌다.[27]

그러나 이미 에어비앤비를 통해 전 세계 구석구석을 현지인처럼 머무는 새로운 여행 스타일에 익숙해진 여행자들에게 에어비앤비 없는 여행을 제안하기란 쉽지 않다. 그렇다면 에어비앤비의 장점은 살리고 단점은 보완할 수 있는 대안적 공유숙박은 불가능한 것일까?

에어비앤비의 대안, 페어비앤비의 실험

페어비앤비는 그런 질문 속에서 시작된 실험적 플랫폼이다. 2014년 베니스의 몇몇 공정무역, 협동조합 활동가들은 어떻게 하면 관광이 가져오는 긍정적 효과는 유지하면서 부정적 측면을 감소시킬 수 있을지 고민하다, 사회연대경제 방식인 협동조합을 통해 새로운 형태의 공유숙박 스타트업을 열었다.[28]

페어비앤비는 볼로냐에서부터 암스테르담, 마드리드, 베니스, 바르셀로나 등 사회연대경제가 활성화된 도시를 중심으로 성장했다. 사용자와 서비스 제공자들은 조직에 투자할 수 있고, 그에 따라 의결권을 갖는다.

페어비앤비 협동조합에 가입하면 에어비앤비나 우버처럼 지역에서 이윤을 취해 글로벌 금융자본으로 송금되는 플랫폼에 돈을 보내지 않고도 호스트나 여행자로 등록할 수 있다.[29]

페어비앤비는 근본적으로 성장에 한계를 둔 모델이다. 수익을 얻기 위한 플랫폼이 아니라, 오버투어리즘으로 인한 관광객을 줄이는 것이 가장 중요한 목표이기 때문이다. 페어비앤비의 원칙은 에어비앤비케이션으로 인한 지역의 주거권 침해와 이웃들의 원치 않는 내몰림을 막기 위해 한 사람의 호스트가 한 채의 주택만 등록할 수 있다는 것이다.[30] 무엇보다 페어비앤비의 호스트는 자신이 속한 도시와 지역의 법을 준수하고 정당한 세금을 내며, 법을 위반하지 않는 범위에서 집을 공유하고 여행자를 맞이한다. 또 수수료 15% 중 절반을 호스트가 제안하는 선택지 가운데 여행자가 하나를 택하여 지역사회에 기부하도록 유도한다.[31] 그리고 청소, 세탁 등 전문 업체의 지원이 필요할 경우 지역사회 장애인 협동조합, 사회적 기업 등과 연결한다.

페어비앤비는 공유숙박뿐 아니라 여행자들이 한 도시에 머무는 동안 가치와 취향의 키워드에 따라 지역사회에 도움이 되고 여행자에게도 의미 있는 공정여행 프로그램에 연결되도록 돕는다. 에어비앤비에 견주면 선택의 폭이 좁고 이용 지역이 한정적이라는 단점은 있지만, 환경을 파괴하지 않고 지역에 순환되는 경제를 지지하며 누군가의 삶의 자리를 파괴하지 않고서도 로컬을 경험하도록 돕는다. 📍

✚ 페어비앤비 fairbnb.coop

☑ 생태발자국을 남기는 여행, 에코비앤비

다른 키워드로 숙소를 검색하기 시작하면 페어비앤비, 에코비앤비 Ecobnb 등 지속가능한 관광 커뮤니티를 만들어 가는 다양한 플랫폼들이 연관 검색어로 따라온다. 그중 에코비앤비는 지속가능한 지구와 공정하고 책임 있는 여행을 준비하는 여행자들을 연결하는 숙소 플랫폼이다.

에코비앤비는 2013년 이탈리아에서 시작되어 유럽을 중심으로 전 세계 친환경 건축물, 호스텔, 팜스테이 등 기후위기와 생물 종 다양성, 땅과 지역의 고유한 문화를 지켜가는 아름다운 초록 공간들로 우리를 안내한다. 아름다운 들판의 트리하우스부터 도심 한가운데 재생건축을 통해 만들어진 제로웨이스트 호텔까지 지속가능한 지구를 위해 환대의 공간을 꾸려가는 호스트와 여행자를 연결하기도 한다.

"에코비앤비를 통해 숙소를 예약하나요? 그렇다면 당신은 여행 중 매일 8kg의 탄소배출을 줄이고 하루 302리터의 물을 절약할 수 있습니다. 이는 하루 295그루의 나무를 심는 것과 같은 효과를 만듭니다." 이러한 카피는 홍보를 위한 과장이 아니라 실제로 에코비앤비에 등록된 숙소를 통해 일어나는 효과를 측정하고 명시한 것이다.

에코비앤비에 호스트로 등록하기 위해서는 다음과 같은 10가지 기준을 실천해야한다. ① 100% 재생에너지 ② 유기농 또는 로컬푸드 사용 ③ 물 사용량 감축 시스템 ④ 친환경 청소 제품 이용 ⑤ 80% 이상의 폐기물 재활용 ⑥ 빗물 재사용 ⑦ 절전 조명 ⑧ 온수용 태양광 패널 ⑨ 대중교통 접근성 ⑩ 친환경건축.

Our 10 main Sustainability criteria

100% Renewable Energy

Organic or Local Food

Water flow reducers

Ecological cleaning products

More than 80% waste recycling

Recovery & reuse of rainwater

Energy saving lights

Solar thermal panels for hot water

Car-free accessibility

Green building

. . .

에코비앤비 호스트가 되기 위한 10가지 기준.

    에코비앤비는 이처럼 지속가능성 기준을 지키는 숙소들을 호스트로 초대하고 여행자들이 여행 중 탄소중립을 실천할 수 있도록 돕는다. ◉

✚ 에코비앤비 ecobnb.com

☑ 지역과 세상을 연결하는
호텔, 소셜허브

　소셜허브The Social Hub 호텔의 오픈하우스에 방문했을 때 가장 먼저 눈에 들어온 것은 창 위에 커다랗게 붙은 3가지 단어의 타이포그래피였다. '플레이, 스테이, 런Play, Stay, Learn'. 호기심에 문을 열고 들어서니 호텔 체크인 라운지가 나타났다. 그러나 일반 호텔의 로비와는 사뭇 다른, 노마드 워커들을 위한 공간들이 구석구석 엿보였다.

　마침 30분 뒤 호텔을 둘러보는 투어에 참여할 수 있었다. 소셜허브의 건축과 공간을 소개해 줄 안내자 안나의 인사로 투어가 시작되었다. "소셜허브는 바르셀로나 포블레노우 지역의 낙후된 공단을 도시재생 사업의 일부로 진행한 프로젝트입니다. 건물 전체를 친환경적으로 리모델링했을 뿐 아니라 로비와 일부 공간을 코워킹과 네트워킹에 적합하도록 디자인한 호텔이죠." 안나를 따라 건물 안쪽으로 들어서자 요가와 명상, 미팅과 작업이 가능한 다양한 공간과 시설들이 펼쳐졌다. 작게는 5명부터 많게는 120여 명까지 수용 가능한 곳이다.

　"소셜허브는 2010년 찰리 맥그리거[32]가 학생들을 위한 '더 나은 주거'를 고민하며 시작된 코리빙, 코워킹 공간이에요. 보다 많은 사람들과의 교류와 공동체적 경험 속에 배움과 성장이 있다는 믿음으로 만들어졌죠. 학생들의 경우 학기 단위로 거주가 가능하고 학기당 1회 부모님에게 숙박권을 제공합니다."

　소셜허브는 학생들을 위한 창의적 체류 공간으로 시작되어 성장한 호텔체인이었던 탓에 단기보다는 장기 체류 여행자들을 고려한 만남과 네

. . .
여행자와 지역을 연결해 주는 호텔 소셜허브의 홈페이지.

트워킹이 공간의 특성에 깊게 반영되어 있었다. 바르셀로나뿐 아니라 유럽 전역 18개 도시 20여 개가 넘는 4성급 호텔 체인으로 발전한 소셜투어의 소셜임팩트 담당 이사인 엠버는 "우리는 환경에 미치는 부정적인 영향을 최소화하고 지역사회에 대한 긍정적인 영향을 극대화하는 것을 목표로 한다"며 분명한 지향점을 밝힌다. 호텔이 갖춘 편의성 높은 시설들이 여행자만이 아니라 지역사회에도 도움이 되도록 노력한다는 것이다.

포블레노우 지역의 제조업이 쇠락하며 일대의 빈 공장에 여러 스타트업과 청년 들이 들어왔다. 그러나 공단지역의 한계로 체류 공간은 물론 업무나 미팅, 또 네트워킹을 할 수 있는 공간들이 턱없이 부족했다. 소셜허브는 말 그대로 체류형 코워킹 공간으로 지역사회에 개방되어 여행자와 지역이 만나는 허브 역할을 한다.

안내 시간에 중간 중간 조용히 영어 통역을 도와준 사람은 포블레노우

주민이라는 호안과 밀로였다. 한 사람은 패션모델, 한 사람은 에이전시에서 활동하는 프리랜서였다. 그들에게 소셜허브의 오픈하우스 참여 이유를 물었더니 "동네 사람들은 호텔에 묵을 일이 거의 없잖아요. 호텔은 우리에게 필요 없는 닫힌 공간이었는데 누구나 이용가능한 공유공간이 된다는 게 궁금해서 왔어요"라고 말했다.

소셜허브는 ESG를 기준으로 운영되는 호텔일 뿐만 아니라 사회적으로나 환경적으로도 엄격한 기준을 적용한다. 소셜허브 건물은 강도 높은 친환경 건물에 부여되는 친환경건축물인증을 받은 건물로서 건축과 리모델링 과정에서 친환경에너지, 대체에너지를 사용하고, 지역의 특성을 반영한 설계와 디자인으로 친환경성과 건축적 아름다움을 동시에 인정받았다.

호텔 1층 로비의 카페와 식당에서는 로컬푸드로 만든 채식 기반의 음식과 공정무역 커피 등을 먹을 수 있으며, 남은 재료는 버리지 않고 투굿투고Too Good To Go와의 파트너십을 통해 누군가의 식사가 되도록 제공한다. 또한 호텔 내에 쓰이는 모든 종이는 재활용률 50% 이상의 친환경 제품이며 다회용 컵 사용이 기본 사항이다.

어디에서 묵을지 선택하는 일은 여행의 방향을 새롭게 만드는 첫걸음이다. 기후위기 시대, 여행을 통해 지역과 지구에 남기는 탄소발자국을 줄이고 긍정적 영향을 남기고 싶다면 대안과 가치의 키워드로 운영되는 새로운 숙소를 검색해 보자. ◉

✚ 소셜허브 thesocialhub.co

03.

무엇을
먹을까?

과잉육식에서
기후미식으로

어느 날 본 뉴스 헤드라인이 믿기지 않아 몇 번이나 다시 확인했다. 2023년 한국인 육류 소비량이 1인당 60kg을 넘어 쌀을 웃돈다는 기사였다. 한국농촌경제연구원에 따르면 국민 1인당 3대 육류 (돼지고기, 소고기, 닭고기) 소비량 추정치는 60.6kg로 2028년 61.4kg, 2033년에는 65.4kg까지 늘어날 것이라 전망되었다.[33] 월드 아틀라스 웹사이트에 의하면 전 세계에서 1인당 육류소비량이 가장 많은 나라는 호주로 1인당 연간 93kg의 고기를 먹는다. 그에 반해 인도인은 1인당 연간 4kg, 케냐인은 17kg을 소비한다.[34] 다른 나라들과 비교해 볼 때 한국 역시 이른바 과잉육식 사회로 진입한 상황이다.

축산업이 기후위기에 끼치는 영향을 고발한 다큐멘터리 〈카우스 피라시〉에 의하면 여행 중 간단히 사 먹는 햄버거 하나를 만들기 위해 물 2천 500리터가 필요하다고 한다. 햄버거를 하나 먹는 순간 두 달치 샤워를 하게 되는 셈이다. 이처럼 탄소배출과 관련해 가장 놀라운 데이터 중 하나는 먹거리에 관한 것이다. 여행뿐 아니라 인간의 이동을 위해 선택하는 교통수단, 즉 비행기, 기차, 자동차, 선박을 비롯한 모든 교통수단이 배출하고 있는 탄소배출량인 13%보다 축산업이 배출하는 탄소배출량이 3배 이상 높다.

현재 인간은 북극의 빙하나 사하라 사막 등 사람이 살 수 없는 불모지를 제외하고 지구 표면의 약 71%를 이용 중이다. 인간이 이용하는 지구 표면 중 약 37%는 숲으로 이루어져 있고, 나머지 50% 가량을 농지가 차지한다. 그런데 이 농지 중 23%만이 작물 재배에 사용될 뿐, 무려 77%의 농지는 가축용 방목지와 가축사료 생산을 위해 사용된다.[35] 무엇보다 축산은 세계의 숲을 파괴하고 있다. 브라질 아마존 열대우림의 파괴 원인 가운데 91%는 축산업으로 인한 것이다. 아마존 숲이 사라지는 속도는 1초마다 축구장 하나가 사라지는 것과 같다. 앞으로 10년 이내에 아마존이 완전히 사라져 버릴지도 모른다는 우려는 결코 과장이 아니다.

2005년부터 2013년 사이 파괴된 전 세계 숲의 41%는 소고기 생산을 위해, 13%는 팜유 등 식물성 기름을 위해 사라졌다. 한국 역시 1961년부터 2019년 사이 식생활에 엄청난 변화를 경험하며 육류 소비는 18.9배, 우유 및 유제품은 19배, 식용유 소비는 51.5배 증가했다. 한국이 치킨 강국이 되고, 대표 음식이 비빔밥이 아니라 삼겹살이 된 것은 우연이 아니다. 이 역시 우리들의 숲과 연결되어 있는

문제다.[36]

　기후식 혹은 기후미식Klima Gourmet은 독일 프랑크푸르트에서 시작된 새로운 미식개념이다. 《1.5℃》 매거진은 기후식이 필요한 이유에 대해 이렇게 말한다. "우리가 먹고 마시는 식량 시스템은 인간 활동으로 인한 온실가스의 31%를 배출합니다. 이는 전 세계 모든 운송 수단이 배출하는 총합보다 2배 큰 수치입니다. 전 세계 모든 차량을 전기자동차로 바꾸는 것보다 식탁에 변화를 꾀하는 것이 훨씬 더 효과적이라는 이야기입니다. 기후위기를 부추기는 식량 시스템은 사실 기후위기의 최대 피해자이기도 합니다. 우리는 내일의 식탁을 지키기 위해서라도 오늘의 식탁을 뒤집어엎어야 합니다. 그리고 빈 식탁에 '기후식'이라는 새로운 개념의 미래식을 올려야 합니다."[37]

　여행에서 맛있는 음식을 먹는 것은 가장 큰 즐거움 중 하나이다. 실제로 맛집 투어를 목적으로 여행을 떠나는 사람도 많다. 여행에서 먹는 즐거움을 포기할 수 없다면 검색 키워드를 맛집에서 기후미식으로 전환해 보자. 지구에 부정적 영향을 끼치지 않으면서 지역의 땅과 농부를 지키고 지속가능한 지구를 만들어 가는 책임 있는 식당과 새로운 미식을 경험하는 즐거움을 마주할 수 있을 것이다. "기후미식은 온실가스 배출을 최소화하면서 즐길 수 있는 음식, 지속가능한 생태계를 염두에 둔 음식을 준비하고 접대하는 행동을 뜻한다. 지구의 모든 생명체, 현재와 미래의 모든 인류에 대한 책임감을 담은 음식 선택과 소비를 의미한다."[38] 미식계의 바이블이라고 할 수 있는 미슐랭 가이드 역시 2020년부터 지속가능한 미식을 위해 노력하는 친환경 레스토랑에게 '미슐랭 그린 스타'를 부여하고 있다. 주요 평가 기준은 제철 지역 농산물 이용, 건강한 메뉴 개발, 음식물 쓰레기 관리, 고객에 대한 친환경 홍보 등이다.[39]

그러나 누군가는 이렇게 물을 것이다. "밥 한 끼 바꾼다고 기후위기가 해결될까?" 기후활동가 마이크 버너스리는 너무나 명확하게 "그렇다"고 답한다. 보통 사람의 식단에서 고기와 유제품을 줄이기만 해도 개인의 탄소발자국을 25%나 줄일 수 있기 때문이다.[40] 소고기 1kg을 같은 무게의 콩 비건식으로 대체한다면 소고기 생산과 유통과정에서 배출하는 온실가스 배출량이 99kg에서 0.98kg 수준으로 줄어든다. 소고기 1kg을 생산하는 데 들어가는 물만 따져도 1만 5천 500리터이며 25.6kg의 이산화탄소가 배출되고 있기 때문이다. 1주일에 하루만 고기를 먹지 않아도 3개월 동안 자동차 이용을 하지 않은 것과 같은 탄소 절감 효과를 볼 수 있다.[41]

국제식물보호협약IPPC의 보고서 역시 기후위기 시대, 탄소배출을 지금 당장 줄일 수 있는 가장 빠른 대안은 선진국 사람들이 육식 소비를 줄이고, 채식 중심의 식생활로 전환하는 것이라고 제언했다. 또한 육식에 이어 가장 큰 탄소배출의 원인은 음식물 쓰레기다. 먹다 남긴 쓰레기도 문제가 되지만 먹지도 않은 채 버려지는 음식물이 총 생산량의 20~25% 차지하기 때문이다. 여행하는 동안, 채식과 로컬 재료 식사를 즐기고, 음식 쓰레기를 남기지 않는 기후미식의 감각을 몸에 익힌다면 새로운 미식의 세계를 즐길 수 있을 것이다.

☑ 기후미식을 실천하는
세계 도시

지속가능 미식의 도시, 코펜하겐

코펜페이에 소개된 지속가능 미식의 파트너, 외스터그로ØsterGRO는 농장이지만 놀랍게도 빌딩 숲 한가운데 위치한다. 빌딩 외벽의 가파른 계단을 따라 옥상으로 올라가면 불현듯 180평의 텃밭이 펼쳐진다. 내가 방문했던 화요일 아침은 마침 자원봉사 텃밭 가드닝이 진행된 날이었다. 아침부터 자원봉사자들이 한바탕 노동을 하고 서로 소감을 나누고 있었다.

• • •
빌딩 숲 한가운데 위치한 옥상 텃밭, 외스터그로.

외스터그로는 도시농부들이 일정액을 내고 함께 텃밭을 가꾸는 시민 공동체 협업 농장으로서 예약제 팜투테이블 레스토랑도 함께 운영하고 있다.

그린시티 코펜하겐에서 운영 중인 제로킬로미터 지속가능 미식 레스토랑은 이곳뿐만이 아니다. 시내 레스토랑 가운데 70% 이상의 식당들이 유기농 로컬푸드를 제공하는 데다, 제로웨이스트, 비건식당을 찾는 일도 어렵지 않다.[42] 지속가능 미식과 기후친화적 식습관이란 기후에 영향을 덜 주는 방식으로 식품을 생산하고 식탁 위에 오르는 과정까지 살피는 걸 말한다. 코펜하겐에서 코판이라는 호떡집을 창업해 한식 레스토랑 및 미디어 회사, 공정여행사까지 운영하는 김희욱 대표는 지속가능 미식이란 개념을 자신의 경험과 연결하여 이렇게 설명한다.

"코판의 김치 호떡을 만들 때 한국에서 온 김치를 사용했어요. 그런데 코펜하겐 사람들이 자꾸 물어보더라고요. '김치를 직접 담그느냐? 한국에서 가져 온다고? 탄소를 너무 많이 배출하는 방식 아닌가?' 이런 질문에 대해 고민하다 결국 직접 비건 김치를 만들게 되었죠. 코펜하겐 사람들에겐 그 음식이 비건이냐 아니냐도 중요하지만 음식이 식탁에 오르기까지의 탄소발자국을 생각하는 태도가 몸에 배어 있는 것 같아요. 그것이 지속가능 미식으로 나아가는 근간인 거죠. 한 회사는 파인다이닝 레스토랑과 연계된 피자집, 빵집, 카페 등 5~6개의 식당을 운영해요. 파인다이닝에서 남은 재료는 피자집으로, 거기서 사용하지 못하는 재료는 빵집이나 카페로 보내서 남겨지고 버려지는 식재료가 최소화되도록 시스템을 구축한 곳이에요. 식탁 위에 올라오는 음식이 비건인지, 유기농인지를 넘어 땅에 끼치는 영향까지 식품의 전 생애를 고려해 지속가능한 지구를 기준으로 식당을 설계하고 운영하는 거죠."

지속가능한 미식의 근간은 지속가능한 지구에 뿌리를 두고 있다. 코펜하겐의 미슐랭 식당 아마스, 노마 등은 레스토랑 앞에 유기농장과 온실을 운영하며 직접 재배한 채소와 허브를 요리에 활용한다. 제로웨이스트 역시 플라스틱 빨대를 쓰지 않는 등의 보여지는 부분만이 아니라 전체 조리과정에서 식재료가 적게 버려지도록 설계한다. 또한 제철재료와 지속가능 해산물 인증을 받은 수산물을 사용하고, 식재료를 세척한 물이 농장으로 흐르도록 물의 순환을 조정하는 책임 있는 식탁을 표방하며 새로운 미식의 세계를 열어가고 있다.[43]

코펜하겐은 일상에서 지속가능 미식을 실천하려는 이들에게는 채식 비중을 늘리고, 붉은 고기 대신 닭과 생선 같은 가벼운 육류를 먹는다거나 버터 대신 식물성 기름과 같은 대용품을 사용하고, 파스타나 쌀 대신 덴마크에서 생산되는 국산 유기농 감자를 먹으라고 권한다. 그래선지 시내를 걷다 보면 유기농 상점을 찾는 일은 편의점을 찾는 것만큼이나 쉽고 편하다. 덴마크 소매점들은 값싸고 질 좋은 유기농 식품을 가장 잘 보이는 곳에 배치하고, 비건을 위한 식물성 식품도 다양하게 판매한다. 덴마크에서 팔리는 식품 중 약 13%는 유기농 제품으로 유기농 제품 비율이 세계 1위에 달한다.[44]

2019년 9월엔 덴마크 슈퍼에서 가장 많이 볼 수 있는 유가공업체인 알라Arla Foods가 탄소중립 기업으로 거듭날 것을 선언했다. 그들은 철저한 친환경 포장과 유통 정책을 통해 매장에서 한 해 판매되는 우유갑 9천 200만 개를 재수거해 연간 탄소배출량을 22% 감축하고, 포장 및 유통을 개선해 연간 이산화탄소배출을 173톤 감축했다.[45] 그럼에도 덴마크 정부는 포장과 유통의 개선만으로는 탄소중립으로 나아갈 수 없다며 2024년 6월 축산농가에 대한 기후세 부과를 결정했다.[46] 탄소를 소비하는 주체가 아니라 배출하는 주체가 책임을 지고 감축하는 것이 가장 효과적인 탄소중립 정책이기 때문이다.

비건 프렌들리 도시, 베를린

독일 베를린은 자타가 공인하는 비건 수도다. 비건 앱 해피카우를 검색하면 베를린에만 약 8천 개의 카페와 식당이 등록되어 있다. 채식주의자들을 위한 레스토랑, 칵테일 바, 패션 브랜드, 호텔 등 동물성 재료를 지양하고 지속가능한 라이프스타일을 실천하는 이들에게 이보다 더 편안한 도시는 없을 것이다. 특히 베를린의 쉬벨바이너 거리는 '비건 거리'로 불릴 만큼 다양한 비건 공간들이 운집해 있다. 《1.5℃》는 베를린이 체르노빌 사고, 전쟁, 기후위기 등으로 인해 환경의식이 커졌고 유기농 음식에 대해 깨어 있는 감각을 갖게 되면서 비건 프렌들리 도시가 되었다고 분석한다.[47]

독일채식주의자협회에 따르면 2016년 독일 채식주의 인구는 800만 명을 넘어섰고, 이 가운데 약 90만 명이 완전 채식인 비건이다. 유럽 비건 푸드 시장에서 독일의 비중은 36%로 1위를 차지한다. 독일 녹색당과 연계된 연구기관인 하인리히 뵐 재단의 잉카 드비츠 대표는 "특히 젊은이들은 무엇을 소비하고 어떻게 먹는지 훨씬 예민하게 의식하며 선택한다"고 설명한다.[48] 기후위기에 대해 남다른 감각을 가진 MZ세대들로부터 시작된 변화는 어린이들에게 큰 영향을 미치고 있다. 4세에서 14세 사이의 자녀를 둔 부모 8천 500명을 대상으로 설문 조사를 실시한 결과 어린이들 중 33%가 육류 섭취량을 줄였고, 베를린의 경우 47%가 식단에서 고기를 거의 또는 전혀 섭취하지 않는다고 답했다.[49]

독일 리서치 전문기관Statista Research Department에 의하면 독일의 육류 소비는 2018년부터 급격한 감소세에 있으며 그 원인은 유연한 채식을 하는 '플렉시테리언'의 증가 때문이라고 분석했다. 채식지향인구 증가의 원인은 "육류산업과 관련된 여러 문제의 증가, 동물 학대에 대한 인식의 변화 때문"이라는 것이다. '완벽한 한 사람의 비건보다 100명의 불완전한 채식주의자가 낫다'는 비거니즘의 격려가 분명한 결과로 입증되고 있는 셈이다.

비건 여행자가 머물기 좋은 도시, 치앙마이

유럽은 어느 도시를 가든 비건 앱을 켜고 식당과 먹거리를 찾는 일이 그리 어렵지 않다. 마트에만 가도 다양한 비건 제품들을 쉽게 구할 수 있다. 문제가 있다면 비용이 너무 높다는 것이다. 비건 여행을 시작하기 가장 좋은 곳은 아시아다. 인도의 경우 20~30%의 인구가 종교적 배경으로 인해 비건을 선택하고 있다. 어떤 인도 식당을 가든 채식, 비건 메뉴 선택권이 보장되는 이유다. 소고기를 먹지 않는 힌두교 전통이 식탁 위의 탄소배출을 엄청나게 줄여주었다. 대만의 경우에도 불교의 영향으로 어느 식당에서든 다양한 비건 중화요리를 맛볼 수 있다.

비건을 선택한 사람들에게 비건 조식이 제공되는 비건스테이는 최상의 옵션이지만 그런 곳을 찾는 일은 쉽지 않다. 다행히 최근 치앙마이 여행자들에겐 조금 다른 지도 한 장이 펼쳐진다. 치앙마이에서 머무는 동안 비건, 제로웨이스트, 로커보어, 유기농, 공정무역 등의 키워드로 새로운 검색어를 입력해 보자. 먹고 마시고 참여하는 여러 경험과 연결될 수 있다. 사실 치앙마이는 세계에서 비건하기 좋은 도시 3위에 오를 정도로 선택의 폭이 넓고 다양하다. 무엇보다 비교적 저렴한 가격의 숙박과 물가는 많은 이들에게 머무는 여행을 가능하게 한다.

옛 란나 왕국 수도인 치앙마이의 가장 큰 매력은 휴먼스케일의 계획도시라는 점이다. 2~3일 골목과 광장을 걸어 다니면 성벽 동서남북에 위치한 마켓들의 지리와 방향을 어렵지 않게 가늠할 수 있다. 치앙마이에는 산악지대를 기반으로 한 고사리부터 다양한 품종의 쌀까지 여러 아시아 사람들의 입에 맞는 채식 음식들이 차고 넘친다. 특히 비건식당 중 상당수가 스테이 공간을 함께 운영하고 있어 제로스테이 숙소에 머물며 쿠킹 클래스에서 비건요리를 배우고, 직조 체험이나 요가와 같은 다양한 취미 활동을 즐길 수 있다. 📍

☑ 기후미식을 실천하는
네트워크, 로커보어

비건은 아니지만 지구를 생각하는 기후미식에 한걸음 다가서고 싶다면, 여행의 키워드에 '로커보어locavore'를 추가해 보자. 로커보어는 지역을 뜻하는 로컬local과 먹을거리를 뜻하는 접미사 보어vore의 합성어로, 자기가 살고 있는 지역에서 재배된 식품과 음식을 소비하는 사람이나 행위를 뜻한다.

발리 우붓에서 가장 인기가 많은 레스토랑 이름 역시 '로커보어'이다. 인도네시아 전통가옥을 현대적으로 개조한 이 식당은 로컬 식재료를 이용해 유러피안 파인다이닝 및 인도네시안 퀴진 같은 수준 높은 요리를 선보인다.

이곳은 직원 고용에서도 지역사회와의 연결을 중요하게 생각하기 때문에 직원의 90%가 이 지역 출신인데, 특이한 것은 상당수가 요리 경력이 없거나 요리 학교를 나오지 않은 사람들이라는 사실이다. 그렇지만 식당에서 일하는 이들은 발리의 숲과 자연, 식재료를 이해하고, 지역의 절기를 담아내며, 자신들의 문화를 요리에 깃들여 고유한 미식을 창조하는 중이다.[50] ◉

☑ 버려지는 음식들의
새로운 여행, 투굿투고!

음식이 기후위기에 끼치는 영향은 단지 식탁 위에 올라온 과잉육식만의 몫은 아니다. 식탁 아래로 버려지는 음식 역시 지구를 뜨겁게 달구어 간다. 한국환경공단 조사에 따르면 생활쓰레기 중 음식물이 차지하는 비율은 약 29%에 달한다. 음식물 쓰레기를 20% 줄이면 온실가스 배출량 177만 톤이 감소하는데, 이는 승용차 47만 대가 배출하는 온실가스 배출량과 비슷하다.[51] 음식의 여행과 순환을 돕는 플랫폼을 클릭해 보자.

코펜하겐에서 베를린, 바르셀로나까지 투굿투고는 높은 유럽 물가 속에서 늘 예산이 빠듯한 여행자들에게 고맙고 반가운 앱이다. 유통기한이 임박한 음식이나 당일 제조 당일 판매가 필수인 음식들을 폐기하기 전 앱을 통해 필요한 사람이 가져갈 수 있도록 한다. 앱에 판매기간이 임박한 음식들이 담긴 '시크릿백'이 올라오면 미리 결제한 소비자들이 매장에

가서 픽업해 오는 방식이다. 빵, 파스타, 레스토랑의 음식, 슈퍼마켓의 신선식품까지 다양한 음식들이 평소의 절반 가격으로 올라온다. 가게나 판매자는 멀쩡한 음식이 쓰레기가 되는 것을 막을 수 있고, 여행자나 시민은 저렴한 가격에 필요한 음식을 얻을 수 있는 윈윈 시스템이다. 2016년 시작된 투굿투고는 현재 14개국에서 서비스를 시행하고 있으며 전 세계 9만 개 이상의 식당 및 빵집 등이 참여해 연간 약 4천만 명 이상이 사용 중이다.

투굿투고는 작은 가게뿐 아니라 기업 차원의 참여도 존재한다. 독일의 한 호텔은 매일 조식 뷔페가 끝나는 시간에 남은 음식을 계량해 인원수만큼 사람들의 신청을 받아 전달한다. 일정한 시간이 되면 신청한 사람들이 음식을 담아갈 용기를 들고 나타나 조식 뷔페에서 남은 음식을 가져가 한 끼를 해결할 수 있다.

투굿투고에 의하면 앱을 통해 2023년 한 해 동안 1억 2천만 건 이상의 음식이 쓰레기통으로 가는 대신 누군가의 식사가 되었다. 1만 명분의 음식물 쓰레기가 줄면 약 1천억 리터에 달하는 물을 절약하고, 약 32만 8천 554톤의 이산화탄소가 바다로 들어가는 것을 막은 셈이다. 약 30만 톤이 넘는 이산화탄소는 5만 7천 명이 비행기 여행을 덜한 만큼의 탄소 감축을 이루는 것과 비슷하다. 한국에서는 2024년 럭키밀lucky Meal이라는 앱이 베이커리를 중심으로 투굿투고와 유사한 형태의 서비스를 제공하고 있다. 📍

➕ 투굿투고 Too Good To Go
➕ 럭키밀 luckymeal.io

전 세계 채식주의자들을 위한 앱

✚ 해피카우 Happy Cow
전 세계의 채식주의자 및 비건 들을 위한 레스토랑과 식품점을 찾을 수 있도록 도와주는 앱이다. 사용자들은 각 장소에 대한 리뷰와 사진을 올릴 수 있고 이를 통해 또 다른 사용자들이 보다 정확한 정보를 얻을 수 있다. 해피카우는 단순 정보 제공뿐만 아니라 채식 및 비건 라이프스타일을 촉진하고 지지하는 다양한 활동도 진행하고 있다.

한국 채식주의자들을 위한 앱

✚ 채식한끼
한국에서 개발된 채식 및 비건 라이프스타일을 지원하는 앱으로 해피카우와 유사하다. 사용자 위치 기반으로 가장 가까운 채식, 비건식당을 찾아준다.

✚ 베지맵 Veggie Map
한국 내 채식 및 비건 레스토랑과 카페를 찾을 수 있도록 도와주는 앱이다. 사용자들이 직접 리뷰를 남기고, 사진을 올리며, 평점을 매길 수 있다. 지역별 검색 기능, 사용자 리뷰 및 평점 시스템, 비건옵션 여부를 표시한다.

✚ 비건플래닛 Vegan Planet
비건식당뿐만 아니라 비건 제품을 판매하는 가게, 비건 관련 이벤트 등을 소개한다. 또한 비건레시피와 비건생활 정보를 제공한다.

✚ 헬로네이처 Hello Nature
비건 식재료와 제품을 온라인으로 구매할 수 있는 플랫폼이다. 비건뿐 아니라, 건강한 식재료를 찾는 사람들에게도 유용하다. 이외에도 비건 및 채식 관련 정보를 제공하는 다양한 커뮤니티와 SNS가 활성화되어 있다.

5장

지구를 생각하는
제로웨이스트 여행

OI.

플라스틱과
여행

결코 사라지지 않는 플라스틱

2025년 네팔 히말라야 평화 여행을 계획하던 어느 날 소셜투어의 라지가 히말라야 쓰레기 문제에 관한 기사를 보내주었다. 2024년 네팔 군대가 에베레스트 정상 부근에서 7개월 동안 무려 11톤의 쓰레기를 수거했다는 내용이었다. 그러나 여전히 그곳에는 등정 팀이 버리고 간 쓰레기가 50톤가량 남아 있다고 한다. '세계에서 가장 높은 산'이라는 타이틀로 인해 전 세계 수많은 사람들이 이곳을 찾지만 그들의 등반 뒤에는 영원히 사라지지 않는 플라스틱 쓰레기들이 산처럼 쌓인다.

지상의 마지막 낙원이라 불리는 발리 역시 여행자들의 발길이 닿는 곳마다 플라스틱 쓰레기로 몸살을 앓고 있다. 발리의 쿠타 해변은 서퍼들의 천국으로 유명하다. 그러나 쿠타 해변이 세계적으로 주목을 받게 된 계기는 서풍을 타고 몰려와 바닷가를 뒤덮는 쓰레기 때문이다. 매년 10월부터 다음 해 4월까지 이어지는 몬순 계절이면 쿠타 해안에는 하루 30~90톤에 이르는 쓰레기가 쌓인다. 바다에서 밀려오고, 강에서 떠내려오고, 호텔에서 버려지는 엄청난 쓰레기들은 감당할 수 없는 수준이 되었다. 발리 정부에 의하면 발리 내 플라스틱 쓰레기는 매일 평균 829톤이 생겨난다. 특히 몬순 때면 해변 쓰레기 양이 더욱 증가하여 해변을 폐쇄하고 쓰레기를 수거하는 일도 생긴다.[1] 그럼에도 매일 쓰레기가 발리 해안을 뒤덮는 걸 막기에는 역부족이다. 이렇게 발리는 '지상의 마지막 낙원'에서 '쓰레기 천국'이라는 불명예를 얻고 말았다.

우리는 일상에서 다량의 플라스틱을 사용하면서도 페트병의 라벨을 제거하고 세척해 버리는 것으로 위안을 삼는다. 그러나 제대로 재활용되는 양은 플라스틱 폐기물의 9%에 그친다. 나머지 91%의 플라스틱은 소각이나 매립으로 지구에 버려지고 있다. 또한 플라스틱의 생산과 소비 그리고 폐기는 북반구보다 가난한 남반구에 막대한 영향을 미친다. 부유한 국가들이 엄청난 양의 플라스틱 폐기물을 남반구로 운송해서 폐기하기 때문이다. 이러한 폐기물로 남반구는 이미 포화 상태에 이르렀다.

매년 800만 톤 이상의 플라스틱이 바다에 버려진다. 2050년이 되면 바다에 물고기보다 플라스틱 쓰레기가 더 많아질 것이라고 한다. 우리는 비닐봉지, 일회용 컵, 플라스틱 빨대, 플라스틱 병 없이도 살 수 있다. 그러나 지구가 없다면 삶은 지속될 수 없다. 더 큰 문제는

• • •
발리 쿠타 해변은 서퍼들의 천국이라 불릴 만큼 아름답지만 동시에 심각한 쓰레기 문제를 앓고 있다.

늘어나는 사용량이 아니라 누적량이다. 우리가 쓰고 버린 플라스틱 쓰레기는 어디론가 사라지는 것이 아니라 지구 위에 고스란히 남게 된다. 2017년 발표한 조지아 대학의 연구 결과에 의하면 1950년부터 2015년까지 지구상에 버려진 플라스틱의 무게는 약 83억 톤으로 인간과 비인간 생명체 모두를 합한 무게인 40억 톤의 2배를 넘어선다.[2]

플라스틱 발자국

플라스틱 발자국plastic footprint은 한 개인이나 기업, 국가 등이 사용하고 폐기한 플라스틱의 총량을 뜻한다. 플라스틱 생산에는 99% 화석연료가 사용된다. 결과적으로 플라스틱은 온실가스 배출의 10대 기여자다. 2022년 6월 경제협력개발기구OECD가 공개한 '플라스틱 사용에 관한 보고서'에 의하면 2019년 기준 전 세계 플라스틱 생산량은 4억 6천만 톤으로 이 중 무려 77%에 다다르는 3억 5천 300만 톤의 플라스틱이 폐기물로 버려졌다. 플라스틱 생산과정에서 배출되는 온실가스는 전 세계 온실가스 배출량의 3.4%를 차지했다. 물론 이러한 문제를 해결하기 위해서는 개인의 실천을 넘어 구속력 있는 국제적 규약이 만들어져야 한다. 2024년 부산에는 전 세계 플라스틱 생산량 감축을 목표로 170여 개 정부 대표단을 비롯해 4천여 명의 관계자가 모여 플라스틱의 생산과 폐기까지 구속력 있는 제도를 목표로 '국제 플라스틱 협약'에 대해 논의했다.[3] 그러나 일상생활 속 개인의 플라스틱 사용량과 실천 등은 결코 간과할 수 없는 문제이다.

2020년 기준 국내 1인당 플라스틱 사용량은 연간 배달용기 568개, 비닐봉지 533개, 플라스틱 컵 102개에 달한다.[4] 코로나 이전인 2016년에 비해 2배 이상 늘어난 수치다. 그렇다면 여행 중 발생하는 플라스틱 발자국은 어떨까? 여행을 할 때 우리는 일상에서보다 훨씬 많은 쓰레기를 남긴다. 투어리즘 컨선은 여행 중 배출하는 쓰레기가 하루 평균 3.5kg에 달한다고 밝혔다.[5] 네팔 환경단체 킵KEEP은 한 사람의 여행자가 히말라야 트레킹에 참여하는 동안 버리는 플라스틱 물병이 72개에 달한다고 했다. 그러나 높은 산 어디에도 플라스틱을 수거할 수 있는 시스템은 존재하지 않는다. 지속가능성이 여행의 주요 키워드가 되고 유명 호텔들이 ESG를 내세우며 플라스틱으로 만든 가구를 비치하거나 업사이클링 지갑 등의 굿즈를 판매하는 시도는 긍정적이지만 플라스틱 문제의 해법은 재활용이 아닌 재사용, 더 근원적으로는 플라스틱 프리를 향해 나아가야 한다. 그렇다면 기후여행자들은 어떤 선택을 해야만 할까?

제로웨이스트 숙소와 가게

'기후여행'이라는 감각과 기준을 탑재하고 여행을 시작하면 숙소를 두 종류로 나눌 수도 있다. 플라스틱 물병을 주는 숙소와 유리병에 물을 채워주는 숙소다. 언젠가 유리병에 물을 담아 제공하는 기

. . .
베터문의 비건카페와 리필 스테이션.

분 좋은 숙소를 경험한 이후 숙소를 예약할 때 플라스틱 물병을 주
는 곳인지 유리병에 생수를 제공하는 곳인지 미리 문의를 해 보곤
한다. 하나를 보면 열을 알 수 있다고, 유리병 생수를 주는 곳은 욕
실 어메니티도 일회용이 제품이 아닌, 필요한 만큼 덜어 쓸 수 있는
제품으로 비치되어 있었다. 식사를 제공할 때도 다회용기와 로컬 식
재료를 사용했다. 이처럼 제로웨이스트 여행이 가능하도록 돕는 숙
소를 '제로스테이'라 칭한다. 제로스테이는 여행자가 머무는 동안
쓰레기를 최소화하는 제로웨이스트 여행과 숙소의 개념이 합쳐진
말로 한국에서는 전주 '모악산의 아침'을 비롯해 전국 20여 개 숙소
가 운영되고 있다.

언젠가 여행길에 방콕을 경유한 이유는 제로웨이스트 가게와 제로스테이 공간을 함께 운영하는 '베터문Better Moon' 때문이었다. 베터문의 1층은 비건카페이자 제로웨이스트 가게이며 2층은 세미나와 공용 공간, 3층은 친환경 콘셉트의 게스트 하우스로 운영된다. 이곳의 가장 큰 매력은 로컬 식재료를 사용하는 카페와 리필 스테이션으로, 시장 골목과 바로 연결되어 있는 위치 때문에 생생한 로컬 문화를 만날 수 있다. 카페에서 로컬 식재료로 만든 조식을 먹을 수도 있지만 베터문의 다회용기에 시장 음식을 담아와 카페에서 먹는 즐거운 경험도 할 수 있다. 제법 큰 규모의 리필 스테이션에서는 한국에서 찾아보기 어려운 다양한 아이템들이 대량으로 구비되어 있었다. 여행 가방을 아무리 잘 챙겨도 도착해 보면 꼭 두고 온 것이 있기 마련, 이곳에서 여행 중 챙기지 못한 물품을 구입해 빈 통에 채우니 든든했다.

호기심이 계속 생겨나 여행 마지막 날 카페 스태프에게 이야기를 청했다. 베터문의 시작은 세 친구의 의기투합이었다고 한다. 한 친구는 일반 숙소를 고민 중이었고 환경에 관심이 많은 두 친구는 제로스테이션을 준비하던 중이었다. 이렇게 모인 세 친구는 결국 제로스테이와 친환경을 콘셉트로 한 숙소를 운영하게 되었다. 방콕의 여느 관광지처럼 이곳에도 한국 여행자들이 많이 오는지 궁금했다. "아직 여기까지 오는 한국 사람들은 많지 않아요. 대부분 시내 중심가에서 여행을 하니까요. 이 동네는 관광지와는 먼 진짜 로컬이죠."

시내에서 다소 떨어진 곳이지만 제로웨이스트에 관심을 가진 손님들은 점차 늘어나는 중이다. "제로웨이스트를 실천하는 분들이 일부러 이곳을 경험하기 위해 방문하세요. 요즘에는 동네 분들도 관심을 갖고서 이곳을 이용하거나 빈 통을 가져다 주시죠. 모아주신 빈 통은 여행자들이 리필을 할 때 사용할 수 있도록 제공하고 있어요." 베터문에서는 무포장 용기에 시장 음식을 포장하여 카페에서 먹는 '무포장 브런치'가 가능하다. 덕분에 따끈한 현지 음식들을 내가 가진 용기에 담아와 조식을 맛있게 먹은 추억이 생겼다. 이제 나는 방콕을 여행하려는 지인들에게 꼭 베터문을 추천한다.

여행 속 특별한 장소와 경험은 일상을 변화시키는 힘을 지닌다. 새로운 여행을 계획하고 경험하기 위해서는 새로운 시선과 관점이 필요하다. 평소 플라스틱 문제에 관심이 많았던 여행자 시원은 세계적 휴양지로 손꼽히는 발리를 여느 여행자들과는 전혀 다른 방식으로 경험했다. 잠시 그의 목소리로 다양한 제로웨이스트 여행을 만나보려 한다.

02.

플라스틱 없는
발리를 만드는 사람들

글 | 시원

청소년 환경운동가를
배출하는 그린스쿨

흔히 요가와 채식의 천국이라 불리는 발리를 늘 가보고 싶었다. 그러나 뉴스를 통해 만난 발리는 그리 아름답지 않았다. 주변 해역은 플라스틱 쓰레기로 가득했고, 인도네시아에서만 연간 129만 톤 규모의 해양 쓰레기가 버려진다고 했다. 그럼에도 발리에 가야겠다고 결심하게 된 건 2022년 서울 국제환경영화제에서 다큐멘터리 〈우리보다 큰Bigger than us〉을 보고 난 직후였다.

이 영화의 주인공인 18세 멜라티는 발리의 플라스틱 사용 문제를 알리는 청소년 활동가이다. 멜라티가 만든 '바이 바이 플라스틱 백 Bye Bye plastic bag'이란 단체는 발리의 해변 정화 활동을 시작으로 일회용 플라스틱 반대 운동과 제로웨이스트 운동을 벌인 뒤 현재 청년 NGO로서 활동 중이다. 이들의 운동은 학교와 마을을 넘어 발리 섬 전체에 지대한 영향을 미쳤다. 문제의 심각성을 느낀 발리 정부는 2018년 12월 비닐봉지, 플라스틱 빨대, 스티로폼 이렇게 3가지 일회용 플라스틱 사용을 금지했고, 2029년 말부터 모든 일회용 플라스틱 사용을 금지하겠다는 계획을 밝혔기 때문이다.

이런 멋진 운동이자 단체인 바이 바이 플라스틱 백은 2013년 그린스쿨Green School 마지막 학년의 프로젝트 수업에서 비롯됐다. 그린스쿨은 발리에서 시작되어 호주, 싱가폴 등에 캠퍼스를 둔 국제학교로서 환경 문제 해결을 위한 다양한 실험들을 프로젝트 방식으로 진행했다. 여러 청소년 환경운동가를 배출한 그린스쿨은 어떤 곳일지 몹시 궁금했던 나는 설레는 마음을 안고서 발리로 향했다.

재생과 순환을 배우는 학교

숲속에 위치한 그린스쿨 투어에 참여한 사람은 나를 포함해 10여 명 정도였다. 이들이 우붓이나 쿠타 해변 같은 주요 관광지에서 자동차로 30분 이상 떨어진 이곳에 왜 온 것일까 호기심이 일었다. 그린스쿨에 아이를 보내고 싶어 하는 부모님이나 나처럼 지속가능한 환경교육과 친환경 건축에 관심을 지닌 사람들이 대부분이었다.

투어를 담당한 선생님은 그린스쿨의 친환경 에너지 시스템을 가장 먼저 소개했다. "저기 보이는 건물은 에너지 허브예요. 지붕에 태양광 패널이 있는 걸 보실 수 있죠. 저희는 지금 150개의 태양광 패널과 수력 발전 터미널을 이용해 재생에너지를 생산하고 있어요. 지

. . .
발리 그린빌리지의 대나무 건축물.

붕에는 저수 시스템이 되어 있어서 비가 오면 자연스레 아래쪽의 통에 물이 모입니다. 그 물로 정원을 가꾸죠. 건물 안에 보이는 원형 타워는 250개의 비행기 타이어를 이용해 만들었어요. 다른 구역에 있는 하이드로 패널은 공기 중 수분을 흡수해 식수를 생산하는 역할을 해요. 습한 발리에서 아주 효과적인 장치죠. 학생들은 이런 과정과 원리를 몸으로 직접 배우고 있습니다." 설명을 들은 뒤 친환경 시스템으로 만들어진 물을 각자의 물병에 담아 마셨다. 학교 식당 옆에는 음식물을 발효시키는 퇴비시설이 있었고 그곳에서 만들어진 퇴비가 정원에 유용하게 쓰였다. 이렇게 학교에 필요한 여러 자원들을 재생에너지를 통해 자급자족하는 모습이 무척이나 놀라웠다.

그린스쿨에는 3세부터 18세까지 다양한 연령대의 학생들이 다니고 있었다. 코로나 전에는 600명 정도의 학생들이 있었지만 현재는 270명 정도가 재학 중이었다. 교실은 학교 본 건물 1층에 있었지만 학생들은 캠퍼스 안의 다양한 공간에서 자유롭게 그들이 원하는 활동을 할 수 있다. 한국의 고정된 교실과 건물 구조에서는 상상하기 어려운 일이었다.

캠퍼스 한쪽에는 학생들이 키우는 닭과 돼지 들도 있었는데 이 동물들은 잡아먹으려고 키우는 것이 아니라 동물과 교감하는 능력과 돌보는 경험을 위한 것이라 했다. 자연스레 그린스쿨의 급식이 궁금해졌다. 역시 급식은 비건을 지향하고 있었다. 다만 개인의 건강을 고려하여 다양한 선택지의 메뉴가 준비된다고 했다. 그린스쿨은 이처럼 다양한 방식을 통해 우리가 어떤 에너지를 사용하며 어떻게 지구 순환의 일부가 되는지를 배울 수 있는 열린 교실이었다.

지역과 연결되는 교실

이곳의 교과과정은 여러모로 흥미로웠는데, 특히 '지역'을 중요시 여기는 점이 인상적이었다. "지역 사람들이 이 학교와 교육에 대해 소외감이나 거리감을 느끼지 않도록 하기 위해서 지역과의 소통과 연결을 중요한 부분으로 생각하고 있어요. 학교 내 기본적인 의사소통은 영어로 이루어지지만 필수적으로 인도네시아어도 배웁니다.

우리는 인도네시아에 살고 있고 발리 사람들의 문화를 배워야 하기 때문이죠." 선생님은 그린스쿨의 배움이 교실 안에 국한되는 것이 아니라 지역과 현장으로 연결되는 부분을 강조했다.

그린스쿨의 모든 교과과정에는 유엔지속가능개발 목표가 적용되어 있는데 무엇보다 지역의 숲과 바다에 관한 문제를 집중해서 다룬다고 했다. "예를 들어 맹그로브 문제에 대해 공부한다면 직접 맹그로브 숲에서 문제를 확인하고 나무를 심는 활동에도 참여하죠. 때로는 마을에서 오래 살아오신 어른들을 선생님으로 모시기도 해요. 학교가 위치한 지역사회는 중요한 배움의 장이고, 학교 역시 지역사회에 의미 있는 자원이기 때문이죠."

그런데 걱정과 달리 학교 안은 물론 발리 거리에서 쓰레기를 보는 일은 드물었다. 발리 사람들의 자발적인 실천 때문인지, 사회적으로 플라스틱 분리 배출 시스템이 갖추어져 있거나 일회용품에 대한 규제가 있기 때문인지 궁금해 질문을 던졌다. "지금은 거의 대부분의 레스토랑과 가게에서 일회용 플라스틱을 사용하지 않아요. 그린스쿨에서 공부했던 멜라니 같은 친구들의 플라스틱 프리 캠페인이 공동체적 합의를 이루고 제도를 바꾸어 나간 거죠."

그린스쿨은 학교 내뿐만 아니라 학교 바깥에서 일어나는 변화와 질문에 연결되어 있었다. 스쿨버스에 사용할 폐식용유를 모으기 위해 마을 가게들이 도움을 주는 등 지역사회는 그린스쿨 학생들의 실험과 도전을 적극적으로 지지해 주었다. "발리는 커뮤니티 문화가 발달해 있어서 마을 단위로 환경을 위해 활동하는 지속가능 발전의 가치를 지향하는 조직들이 많아요. 저희도 마을과 지역에서 항상 많은 도움을 받고 있어요. 발리 공동체에서 시작된 플라스틱 교환 프로젝트가 그 좋은 예죠. 누군가 1kg의 플라스틱을 모아서 가져오면 플라스틱 교환소에서 1kg의 쌀과 교환해 줘요. 지역과 자연을 지키는 일을 하면 공동체가 쌀로 보상하는 거죠."

코로나 시기에 시작된 플라스틱 교환소는 이제 200여 마을에서 함께하는 운동이 되었다. 그저 선한 마음에 의지하는 것이 아니라 선순환을 만드는 시스템을 공동체가 함께 구축해 나가는 것이다. 그린스쿨 투어 중 마을로 연결된 다리 위를 지나갈 때 선생님께서 해주신 이야기가 여행 뒤에도 오래도록 마음에 남았다. "학교에서 만든 좋은 영향이 지역으로 흘러가고, 지역에 쌓인 지혜와 문화를 학교가 배우며 소통하는 것이 우리가 지향하는 가치입니다."

✚ 그린스쿨 greenschool.org
✚ 그린빌리지 greenvillagebali.com

그린스쿨 근처에는 그린빌리지Green Village라는 작은 마을이 있다. 그린
스쿨에 다니기 위해 이사 온 국제 가정들을 위해 만들어진 마을로 여행
자들이 묵을 수 있는 숙소도 있다. 한 학부모가 창립자에게 대나무 하우
스를 지어 달라고 요청하여 2009년부터 2018년까지 18채 정도의 집이
만들어졌다. 건축 자재로 대나무를 선택한 건 이곳에서 이용할 수 있는
가장 지속가능하고 친환경적인 재료였기 때문이다. 대나무는 잘라내어
도 계속해서 자라나기 때문에 건축 재료로 잘라낸 뒤 다시 심을 필요가
없다. 또한 건축을 하기 위해선 충분한 길이의 나무들이 필요한데 보통
나무의 생장 속도로는 평균 20년을 기다려야 하지만 대나무는 성장이
빨라 5년이면 충분하다. 대나무 건축은 내구성이 좋을 뿐만 아니라 필요
시 부분적인 수리를 통해 계속 유지할 수 있다. 이 과정에서 탄소배출을
최소화할 수 있다는 장점도 지녔다. 그린빌리지의 친환경 건축물을 둘러
볼 수 있는 투어를 통해 대나무 건축의 아름다움과 가치를 경험해 볼 수
있다.

03.

제로웨이스트
비건 공정여행

기후여행자 시원의
'제비여행'

여행 중 플라스틱을 사용하지 않고, 여행 뒤 탄소발자국을 남기지 않는 여행은 불가능한 것일까? 이런 물음에서 시작해 새로운 여행의 길을 놓아가는 기후여행자 시원은 2021년 팬데믹이라는 멈춤의 시간 속에서 제비여행의 첫 걸음을 시작했다.

"제비여행은 '제로웨이스트+비건+공정여행'의 약자로 비건과 제로웨이스트를 통해 새로운 공간과 사람을 만나고 연결하는 여행을 뜻해요." 사실 여행하며 제로웨이스트나 비건 둘 중 하나를 실천하는 것도 쉬운 일이 아니다. 그 어려운 여행의 걸음을 시작하게 된 이유를 누군가 물어올 때면 시원은 늘 "제가 소중히 여기는 것들을 지키고 싶었어요"라고 답한다. 어릴 적부터 함께해 온 공정여행의 기억들을 통해 여행이 소중하고 아름다운 것들을 파괴하는 것이 아니라

. . .

연희동 제비여행 참가자들과 함께.

지구의 숨을 지키고 지역의 삶을 돌보는 일이 될 수도 있다는 것을 배우고 익혔기 때문이다.

"기존의 여행 방식이 더 편할 수는 있어요. 하지만 저는 제 행동이 지구에 미치는 영향이나 기후위기에 대한 엄중함이 더 크고 무거웠어요. 다행히 여행은 아름다운 장소와 소중한 사람을 연결해 주는 힘이 있잖아요. 기존의 여행과 다른 방식의 여행을 시작하면서 희망의 변화를 만들어 가는 장소와 사람들을 만났어요. 그래서 제가 경험한 아름다운 것들을 다른 여행자들에게도 보여주고 싶었죠."

사실 지구와 환경을 파괴하지 않는 여행을 지향할수록 고민은 더욱 깊어졌다. 친환경 라이프스타일, 지속가능한 여행에 대한 다양한 콘텐츠와 프로그램들이 생겨나고 있지만 대부분 텀블러와 장바구니를 사용하자는 수준에 머물렀다. 시원은 플라스틱 문제에서 더 나아가 여행 속 음식에 대한 고민이 깊었다. "기후위기 문제와 실천을 이야기할 때 비거니즘에 대해 다루는 것이 중요하다고 생각해요. 플라스틱 없는 세상, 항공기 없는 여행을 선택하는 일은 구조적 변화에 따른 선택지가 필요한 일이지만 비건은 개인의 결심들이 모여 유의미한 변화를 만들어 갈 수 있는 일이니까요."

변화의 시작,
내가 발 딛고 선 곳에서

시원은 먼 나라가 아닌 가장 가까운 일상에서 제비여행을 경험하고 싶었다. 그리하여 서울 연희동에 위치한 제로웨이스트 및 비건 가게들을 탐방하는 여행 프로그램을 직접 만들었다. 무포장 컵과 용기를 받아주는 가게, 비건카페나 식당 등 다양한 친환경 공간을 찾아가는 3시간 남짓한 도보여행이었다. "여행을 할 때 '대중교통 이용하기' '제로웨이스트 여행 가방으로 쓰레기를 최소화하기' '비건 지향 식사하기' 이렇게 3가지 기준을 갖고 다녀요. 보통 이런 여행은 무언가 하지 않아야 할 것들이 많아 마냥 힘들고 어렵다고 생각하는 사람들이 많아요. 그래서 저는 제비여행을 기획할 때 제로웨이스트와 비건이라는 키워드로 의미 있는 것들을 즐겁게 경험하는 것에 초점을 두었어요."

평소 소중하다고 생각했던 키워드로 곳곳에 존재하는 사람과 장소를 연결하며 동네를 걸었다. 비건 빵과 공정무역 커피를 제공하는 카페, 비건라면을 내어 주는 커뮤니티 만화카페, 다양한 비건 식재료를 파는 동네 슈퍼, 제대로 된 비건식탁을 차려주는 밥집, 재생종이만 사용하는 친환경 문구점 등 무포장 용기와 텀블러를 손에 들고서 사람들을 만나는 일은 모두에게 새로운 경험이었다. 이런 힙하고 아름다운 공간의 운영자들은 빈 용기를 내미는 손님을 거절하거나 싫어하는 기색 하나 없이 반갑게 맞이해 주었다.

시원이 가장 가까운 동네에서 제비여행을 시작한 이유는 어디에서든 지구를 생각하는 새로운 여행이 가능하다는 경험을 나누고 싶었기 때문이었다. 자신의 그런 바람이 이루어졌느냐고 묻자 그는 이렇게 답했다. "제비여행 참가자가 소감을 나누는 시간에 하루 동안 비건과 제로웨이스트로 살아야 한다고 생각하니 조금 겁이 났는데,

직접 경험해 보니 어렵지 않고 그저 즐거웠다고 했어요. 또 이런 여행이라면 나도 해 볼 수 있겠다는 마음이 생겼다는 말도 참 고마웠어요."

시원의 제비여행은 연희동을 시작으로 망원동, 제주로 이어지고, 국내를 넘어 발리와 치앙마이, 독일 등을 비롯한 유럽까지 점점 더 넓어지고 있다. 그는 여러 도시들에 깃들며 제로웨이스트와 비건을 키워드로 새로운 공간과 사람 들을 만나고 연결하는 일을 잊지 않았다. 다른 여행자들은 자신이 여행지에서 마주했던 막막함과 어려움을 겪지 않고 새로운 경험에 닿기를 바라는 마음에서다. 특정한 가치를 키워드로 여행을 시작할 때 앞선 누군가의 기록과 길 안내가 첫걸음을 떼는 사람에게 얼마나 큰 힘이 되는지 누구보다 잘 알기 때문이었다.

제로웨이스트와 비건으로 시작된 여행 키워드는 이제 생태건축, 요가, 빈티지, 수공예 등 그가 애정하는 것들로 더욱 넓게 채워지고 있다. 여행의 시간들이 촘촘히 담긴 지도를 공유하며 시원은 말한다. "제 지도가 누군가에게 제비여행의 문을 조금 더 쉽게 열어주는 마중물이 되길 진심으로 바라요."

제비여행은 여행 중 남기는 쓰레기를 최소화할 수 있도록 미리 선택하고 준비하는 과정이 필요하다. 아래와 같은 사항을 확인하며 준비해 보자.

1. 여행 가방

플라스틱 쓰레기를 줄이기 위해 텀블러와 수저를 준비하자. 화장품이나 샴푸 등을 소분해서 가져가 일회용 어메니티 사용을 줄이자.

2. 숙소

예약 시 지속가능성 인증 수준을 확인해 보자. 명시되어 있지 않다면 예약 플랫폼에서 숙소에 메시지를 보내 확인할 수 있다. 플라스틱 물병 대신 정수기와 재사용 유리병을 제공하는 곳인지, 비치된 어메니티는 재사용 가능한 다회용인지, 수건이나 침구를 매일 빨지 않도록 선택 가능한지, 숙소의 폐기물 정책은 분리수거와 재활용이 가능한지, 숙소의 에너지와 물 사용 정책은 어떻게 되는지 확인해 보자. 여행자의 기후 변화에 대한 민감성이 전달되어 작은 변화의 시작점이 될 수 있다.

3. 음식
여행의 가장 큰 즐거움 중 하나인 음식을 먹을 때 플라스틱 쓰레기가 생기지 않도록 무포장 용기를 준비해 보자. 조식에는 로컬푸드를 사용하는지, 비건 옵션이 가능한지, 공정무역 재료를 쓰는지 확인하자. 식사를 할때 가능하면 글로벌 프랜차이즈보다는 로컬 식당, 유기농 레스토랑, 공정무역 가게, 비건카페 등 현지 문화를 지키고 생태적 가치를 지향하는 곳들을 선택하자.

4. 옷
여행 전 옷부터 사는 사람들이 많다. 트래킹을 계획하지 않아도 고가의 고어텍스 등산복부터 새로운 신발과 가방까지 쇼핑을 즐긴다. 그러나 여행을 위해 새로 무심코 산 청바지 한 벌이 만들어 내는 탄소배출량은 평균 33kg을 넘는다. 유엔에 의하면 패션으로 생겨나는 탄소배출량은 전체 배출량의 10%를 넘어선다. 한 해 생산되는 6천만 톤의 옷 중 팔리지 못한 채 버려지는 옷이 30%에 이른다. 석유화학 원단이 만들어지는 시작부터 폐기되기까지, 옷의 전 생애가 지구에 끼치는 영향은 생각보다 엄청나다. 가능하면 새 옷보다 평소 입던 편안한 옷을 착용하자.

5. 기념품
현지에서 기념할 만한 물건을 구입할 때는 싸구려 기념품보다는 현지의 장인이나 예술가, 사회적 기업 등에서 만든 가치 있는 것들을 구매하자. 아름답지만 잘 쓰지 않는 물건을 미리 챙겨 여행 중 만난 사람이나 현지 사람들과 물물교환을 시도하면 더 의미 있는 시간이 될 수 있다.

☑ 플라스틱 생수 대신
리필마이보틀

여행을 하다 보면 흔히 플라스틱 생수를 구입해 먹곤 한다. 하지만 핸드폰에 리필마이보틀RefillMyBottle 앱이 있다면 누구든 텀블러에 물을 담아 갈 수 있다. 리필마이보틀은 물을 얻을 수 있는 카페, 레스토랑, 관공서 등의 장소를 알려주는 앱이다. 인도네시아에서 시작된 캠페인인 만큼 유럽보다 아시아에 더 많은 정보가 업로드 되어 있다.

이 앱을 통해 물을 얻을 수 있는 장소들을 리필스테이션이라고 부르는데, 현재 발리를 넘어 태국, 라오스, 베트남, 한국 등 다양한 아시아 국가들에 4천 개 이상의 리필스테이션이 등록되어 있다. 앱에 들어가면 무료로 물을 나눠주는 곳, 약간의 비용을 받는 곳, 영업시간, 건물 사진 등의 정보가 담긴 리필스테이션들을 확인할 수 있다. 또 누구든 내가 관리하는 공간이나 가게를 리필스테이션으로 등록하는 일도 가능하다.

이와 비슷한 활동으로 한국에서는 제주 시민단체 지구별약수터가 만든 지도가 있다. 개인 컵이 있는 이용객에게 식수를 제공하는 제주 공간 120여 곳이 구글 지도에 표시되어 있다. 📍

➕ **리필마이보틀** www.instagram.com/refillmybottle_
➕ **지구별약수터** www.instagram.com/plasticfreejeju

☑ 쓰레기 없는 바다를 위한 패들링, 그린카약

코펜하겐에서 시작된 그린카약은 무료로 카약을 이용하고 바다 쓰레기를 수거하는 활동이다. 도시 곳곳에 비치해 둔 카약을 앱으로 예약해 이용한 뒤 바다 쓰레기를 수거하고 인증샷을 남기면 된다. 비영리 단체이기도 한 그린카약은 도시 곳곳의 파트너들과 협약을 맺어 카약을 비치하고 앱을 관리할 뿐만 아니라 다양한 환경 교육과 캠페인을 진행한다.

코펜하겐에서 만난 그린카약의 담당자 엘리자베스는 이렇게 말했다. "바다에 나가본 사람은 알죠. 아름다운 바다 위에서 플라스틱 쓰레기를 마주하면 얼마나 화가 나고 마음이 아픈지. 쓰레기를 발견하면 그냥 나올 수 없어요. 하지만 곧 지치게 되죠. 쓰레기는 끝이 없고 한 사람은 너무

작으니까요." 그린카약의 시작은 혼자 화내고 지치던 사람들이 함께 바다로 나가 쓰레기를 수거하는 프로젝트였다.

결과는 예상보다 더 좋았다. 사람들은 그냥 카약을 탈 때보다 더 즐거워했고 언제 또 할 수 있느냐는 문의도 끊이지 않았다. 처음에는 단체로 사람을 모아 바다로 가는 방식이었지만, 언제든 스스로 바다에 나가 쓰레기를 수거할 수 있도록 카약을 띄워두고 장소를 알려주는 방식으로 바꾸었다. 2017년 시작된 그린카약은 이제 베를린을 넘어 도쿄까지 10여 개 도시에서 이용할 수 있다.

2024년 그린카약 임팩트 보고서에 의하면 한 해 그린카약을 통해 해양 쓰레기를 수거한 사람은 무려 8만 3천 700여 명이었고 그들이 수거한 쓰레기 양은 134톤이 넘었다. 바다의 아름다움을 경험한 사람들은 바다 쓰레기를 그냥 지나칠 수 없었던 것이다. 그린카약이 만든 가장 큰 변화가 무엇인지 묻는 질문에 엘리자베스는 답한다. "여행 중 그린카약을 타고 바다에 나갔던 사람들 중 61.2%가 삶의 방식이 달라졌다고 답했죠. 카약을 타고 바다에서 건져 올린 쓰레기 대부분이 육지에서 흘러왔음을 자각한 뒤 자신의 일상 속 쓰레기와 플라스틱에 대한 감각이 달라진 거예요. 일상을 바꾸는 시작점이 되었다는 건 정말 놀라운 일이죠."

아름다운 강과 바다를 만나며 지구를 돌보고 싶다면 그린카약을 경험해 보자. ⚲

✛ 그린카약 www.greenkayak.org

6장

덜 자주, 더 깊이,
더 오래 머무는 여행

01.

머무는
여행의 힘

긴 호흡의 여정

독일 투어리즘 와치의 편집장 크리스티나는 해마다 겨울을 인도 카르나타카 주 벵갈루루의 작은 마을에서 보낸다고 했다. 거실이 딸린 방을 빌려 작업실 겸 숙소로 사용하며, 머무는 동안 인도 전통의학인 아유르베다 치료를 받고, 현지 언어를 배우는 것이 주된 일상이다. 무려 10년이 넘도록 방문하다 보니 어느새 그곳을 자신의 동네처럼 여기게 되었다.

나는 어떻게 이런 여행을 시작하게 되었느냐고 물었다. "되도록 비행기를 타지 않는 여행이면 좋겠지만 먼 나라의 경우에는 불가피하죠. 그래서 선택한 여행 방식이 '머무는 여행'이었어요. 비행기를 타고 이동해야 한다면 가능한 한 오래 머무는 여정을 계획했죠. 그리고 여행 시기를 제가 사는 독일에서 탄소배출이 가장 큰 겨울로 택했어요." 그는 춥고 긴 독일의 겨울을 버티기 위해 난방을 하며 탄소를 배출하는 대신, 겨울에도 따뜻한 인도 남부 지역으로 삶의 자리를 옮겨왔다. 커뮤니티 스테이를 통해 로컬을 만나고, 언어와 문화를 배우며 그 마을의 관계 인구로 머무는 여행이었다. 무엇보다 비건인 그녀에게 인구의 30%가 비건인 인도는 최적의 장소였다.

크리스티나는 자신이 이용하고 있는 인도의 공정여행사 카바니를 소개했다. 마을을 기반으로 운영되는 이곳은 치유가 필요한 여행자를 위해 느린 여행을 지향한다. 카바니에서 운영하는 숙소는 마을의 버려진 빈집을 보수해 재건한 흙집이고, 숙소에서 제공하는 음식은 마을 농부들이 생산한 로컬푸드이다. 또한 지역의 여성, 장애인, 소수 부족들이 주도하는 다양한 여행 프로그램도 있다. 여행을 통한 수익은 자연스레 지역의 문화와 숲을 지키는 데 쓰인다. 마을 한편에 오랫동안 머무는 여행자들을 위한 도서관과 코워킹 스페이스까지 마련되어 있다.

카바니의 창업가이자 공정여행 전문가 수메쉬는 이야기한다. "인도의 관광 정책은 대량관광 중심의 양적 성장을 지향하죠. 유명 관광지는 오버투어리즘으로 고통받지만 가난한 마을은 빈곤과 실업으로 어려움을 겪고 있어요. 진짜 다른 삶과 세계를 만나는 여행은 로컬에 존재해요. 기후위기 시대 여행의 탄소발자국을 염려한다면 마을로 오세요. 그리고 머무는 여행자로 이웃이 되어주세요."

머무는 여행은 긴 호흡으로 지역의 일상을 공유하는 여행이다. 긴 호흡의 여행자들은 짧은 시간 안에 많은 것을 보아야 할 이유가 없

. . .
워크어웨이 플랫폼을 통해 묵었던 덴마크 숙소의 거실.

으니 동선이 편한 시내 중심가에 머물 이유도 없다. 오래 머물수록 호텔의 시설보다 밖으로 나가 다다를 수 있는 카페와 공원, 도서관과 같은 연결과 확장의 공간들이 중요해지기 때문이다. 크리스티나는 말한다. "머무는 여행자들이 로컬 공간을 찾고 소비하게 되면 지역에 활력이 생겨요. 지속가능한 도시와 마을, 삶의 자원으로 연결되는 순환경제를 창출할 수 있죠."

머무는 여행자를 위한 플랫폼

여행자들은 짧은 여행의 숙소를 고를 때 부킹닷컴이나 아고다 같은 호텔 검색 사이트를 이용한다. 그러나 일주일에서 한 달 이상 머물 숙소를 고르기 시작하면 에어비앤비에서 시작해 페어비앤비, 와야지Wayaj 등 지역의 마을과 호스트를 직접 연결해 주는 플랫폼에서 숙소를 찾게 될 것이다. 또한 비화폐 방식으로 노동과 주거를 교환하는 워크어웨이나 우프 같은 플랫폼들도 머무는 여행자들에게 유용한 곳이다.

최근에는 변화된 라이프스타일에 따라 한곳에 거주하지 않고 일과 여행의 경계를 넘나드는 사람들이 계속해서 생겨나고 있다. 다거점 생활을 즐기는 멀티 어드레스Multi Address족, 노마드 형태로 어디에서든 살아가며 일하는 멀티 해비타트Multi Habitat족이 그들이다. 특히 일본에서는 어드레스 호퍼Adress Hopper족이 늘고 있는 추세이다. 어드레스 호퍼란 주소Adress와 여기저기 뛰어다닌다는 의미의 호퍼Hopper가 결합된 신조어로, '소유보다 경험'을 중시하는 젊은 세대의 가치관이 반영되어 있다.

일본의 워케이션 스타트업 어드레스ADDress는 2019년 4월에 시작된 주거구독 서비스로 일본의 고질적인 문제인 빈집 문제에 관한 대안을 제시하며 만들어졌다. 일주일 이상 한 지역에 머무는 여행을 계획해 본 사람이라면 일주일 호텔비가 한 달 월세에 육박하는 것을 경험했을 것이다. 어드레스는 발상을 전환시켜 한 달 월세로 전국 어디서든 머무는 여행이 가능하도록 돕는다. 빈집을 리모델링한 숙소에는 가구 및 가전은 물론 식기나 인터넷도 구비되어 있다. 코로나 기간에도 지속적으로 성장한 어드레스는 2024년 기준 전국에 200채 이상의 집을 보유하고 있다.

기후위기라는 커다란 문제를 단번에 해결할 수 있는 뾰족한 해답은 없다. 그러나 우리는 이전보다 덜 자주 떠나되 더 오래 더 깊이 머무는 여행을 할 수 있다. 여행에서 쓴 돈이 지역 경제의 일부가 되는 여행, 머무는 동안 그곳의 강과 바다가 더욱 맑아지고, 숲이 복원되는 여행도 가능하다. 이제 구경하는 여행에서 머무는 여행으로 전환해 보자.

마을과 세상을 잇는
플랫폼, 비아비아

로컬과 여행자를
연결시키는 여행사

　로컬여행사 '비아비아Via Via'가 위치한 곳은 인도네시아 족자카르타로 발리만큼 한국 사람들에게 알려진 여행지는 아니다. 흔히 줄여서 '족자'로 불리는 이곳은 100만 인구 중 10만 명의 인구가 학생인 젊은 도시이다. 족자는 인도네시아 전역의 청년들이 대학교를 졸업한 뒤 창업과 취업을 하며 깃들어 사는 곳이다. 그만큼 창의적인 공간들이 많고 실험적인 프로젝트들도 계속 진행된다.

　비아비아의 공정여행 디렉터인 우지 역시 대학을 졸업한 20대 후반부터 이곳에서 일하며 삶의 뿌리를 내렸다. "족자에 온 건 대학 때문이었어요. 인도네시아의 다른 섬들과 달리 이곳에는 일이나 배움을 위해 이주한 사람들이 많죠. 청년, 예술가, 외국인 들이 많아서 다른 지역에 비해 개방성과 포용성을 지니고 있어요." 도로와 길을

• • •
로컬과 여행자를 연결하는 공정무역 카페이자 공정여행사, 비아비아.

뜻하는 라틴어 비아via에서 이름을 따온 비아비아는 1995년 벨기에의 사회운동 그룹에 의해 시작되었다. 여행을 통해 세상을 만나고 삶에 대한 경탄을 회복한 여행자들이 상호존중의 세계를 만들어 갈 수 있다는 믿음에서 시작된 사회적 기업이었다. 비아비아가 자리한 곳에는 친환경 게스트 하우스, 유기농 베이커리, 로컬의 재철 식재료를 이용한 카페와 레스토랑, 지역의 문화와 예술이 깃든 공정무역 가게 들이 있다. 이처럼 비아비아는 로컬 공간과 여행자를 연결시켜 주고 여러 프로젝트를 통해 새로운 경험을 선물하는 여행사이다.

족자에 머무는 동안 가장 아름다웠던 순간은 유네스코 문화유산으로 등재된 보로부두르에서 새벽 일출을 맞이한 때였다. 사원의 가장 높은 곳에서 투명한 아침 햇살이 숲 전체로 스미는 모습을 바라보며 풍경의 신성을 마주했다. 이 거룩한 아침을 맞이하기 위해 사원은 새벽부터 세계 곳곳에서 온 사람들로 숲을 이뤘다. 그러나 이들은 썰물처럼 마을을 빠져나갔다. "전 세계 사람들이 이곳을 방문하지만 사원을 둘러본 뒤 곧장 대형 버스를 타고 단체 식당으로 떠나버리죠. 하지만 비아비아는 여행자들이 천천히 주변 마을을 둘러보고 로컬 공간을 이용하는 프로그램을 제안하고 있어요. 오늘 우리가 브런치를 먹기로 한 곳은 보로부두르의 들판이 가장 잘 보이는 로컬 밥집이에요. 함께 마을에서 준비한 점심을 먹고 산에서 머무르는 시간을 갖겠습니다."

마을의 삶과
지역의 숲을 지키다

대형 버스가 올라갈 수 없는 좁고 가파른 길을 30분 남짓 올라가자 마을 사람들이 환대로 맞이해 주었다. 산꼭대기 정자에는 환영 음료와 과일, 손을 씻을 물이 정성껏 준비되어 있었다. 마을 정원과 텃밭을 돌아보는 동안 대나무 소반과 광주리에 마을 분들이 정성껏 준비한 로컬의 맛과 아름다움이 깃든 식사가 나왔다. 족자의 산 모양처럼 쌓아 올린 나시고렝부터 바나나 잎에 올린 음식들까지, 지역의 땅과 사람의 정성이 담긴 식탁이었다. 우지는 이렇게 관광객들이 머무는 여정을 보낸다면, 이곳의 마을 사람들이 숲을 지키며 살아가는 삶을 계속 이어가는 데 힘이 된다고 설명해 주었다.

마지막 여정으로 비아비아에서 운영하는 공정무역 가게인 비아비아 카페를 방문했다. 아름다운 가게 한편에는 지역의 청년, 예술가, 장인, 사회적 기업이 만든 물건이 그득했다. 여성들이 낡은 사리를 모아 리폼해 만든 수저 케이스, 거리의 아이들이 캔을 주워서 만든 캔 아트, 바틱 염색 장인들이 전통 기법으로 만든 스카프, 장애인 예술 공동체에서 만든 나무 수저와 젓가락, 바닷가의 유리 조각으로 만든 제로웨이스트 액세서리까지, 지구를 돌보고 누군가의 삶을 지지하는 물건들로 가게는 온통 반짝였다. 이야기가 담긴 물건을 고를 때마다 지역의 공동체와 사람들을 향한 연대의 걸음을 내딛는 느낌이었다.

3박 4일의 여행을 마치던 날, 비아비아 게스트 하우스에서 단체 기념사진을 찍은 뒤 우지는 선물이 있다며 작은 엽서와 봉투를 꺼냈다. 우리 여행팀의 이름으로 인도네시아 건조 지역에 20그루의 나무를 심었다는 내용이 담겨 있었다. 그렇게 비아비아가 여행자들과 함께 심은 나무는 어느새 3천 그루를 넘어섰다고 한다. 나의 여행이 비아비아가 추구하는 공정한 세상의 가치는 물론이거니와 마을과 지역 사람들의 삶을 지키는 여정이 되었다는 사실이 뿌듯했다. 많은 것을 느끼고 받은 여행이었지만 여행자와 지역을 연결해 준 비아비아라는 플랫폼 자체가 무엇보다 가장 큰 선물이었다.

✛ 비아비아 viaviajogja.com

비아비아는 2019년 인도네시아의 잘란잘란 투어를 비롯한 무장애 여행, 로컬 예술 여행, 숲을 지키는 마을 여행 등으로 세계적인 권위를 자랑하는 책임여행상Responsible Tourism Awards을 수상했다. 지역을 지키는 삶에 연결되고 싶다면 비아비아를 검색해 보자. '다른 공간을 통한 세상과의 연결'을 꿈꾸며 시작된 비아비아는 인도네시아뿐만 아니라 아프리카, 유럽, 라틴 아메리카에서도 경험할 수 있다.

03.

누군가의 삶에
연결되는 여행

우연한 행복이 가능하려면

　여행은 우연한 만남과 뜻밖의 발견으로 나를 행복의 시공간에 데려다 놓는 일이기도 하다. 부킹닷컴은 "타지를 홀로 여행하며 낯선 사람과 교류하는 것을 매력적으로 여기는 사람이 늘고 있는 추세"라 언급하기도 했다. 그러나 마을 한가운데 있는 숙소를 선택했다고 해서 자연스레 로컬의 사람과 삶을 경험할 수 있는 것은 아니다. 그 마을 자체가 환대의 네트워크 안에 연결되어 있지 않다면, 그곳에 연결된 삶이 없다면, 여행자와 마을 주민 모두 고립된 개인일 뿐이기 때문이다.

　여행 속 우연한 행복이 가능하려면 연결의 마음을 지닌 사람들과 마주침의 장소가 존재해야 한다. 이런 장소로서 코펜하겐 여행 중 연결과 환대를 마음 깊이 느꼈던 커뮤니티 공간 압살론Absalon과

낯선 사람들과 조우하는 기쁨을 누릴 수 있었던 카넬후셋Kanalhuset 호텔을 소개하고 싶다. 또한 '깊이 머무는 여행'으로 자신의 삶을 전환시킨 여행자 왕꽃의 이야기와 아이와 함께 지구를 돌보는 여행을 하고 있는 유라 씨의 목소리를 통해 '연결되는 여행'의 가치를 나누고자 한다.

연결과 환대의 장소, 압살론

코펜하겐의 가을 저녁, 낡은 교회를 개조해 만든 커뮤니티 공간 압살론 입구가 인파로 북적였다. 매일 점심과 저녁, 200인이 함께 식사하는 커뮤널 다이닝Communal Dinning에 온 사람들이었다. 압살론 스태프들은 포옹와 환대로 사람들을 맞이하며 낯선 사람들이 섞여 앉을 수 있도록 세심하게 안내했다. 앉은 사람들이 서로 소통하는 '대화의 식탁'이기 때문에 마지막 한 사람이 테이블에 앉을 때까지 모두 기다린다. 8가지 색의 테이블에 모든 사람들이 앉으니 압살론 스태프가 무대에 나와 인사를 했고 주방 스태프들이 음식을 소개했다. 이후 각 테이블의 자원봉사자들이 그날의 요리를 식탁으로 날랐다. 커뮤널 다이닝은 월요일에서 목요일까지는 비건 메뉴, 금요일에서 일요일까지는 2가지 코스 메뉴로 준비된다. 식사는 점심, 저녁 모두 60크로네(약 1만 2천 원), 주말 메뉴는 115크로네(약 2만 3천 원) 선이다. 커피 한 잔과 크루아상 하나만 주문해도 2만 원에 육박하는 코펜하겐에서 이런 가격으로 든든한 한 끼를 먹을 수 있다는 건 얼마

. . .
교회를 리모델링해 연결과 환대의 공간을 만들어 가는 압살론.

나 고마운 일인가.

마치 축제에 온 듯한 열기 속에서 사람들이 환한 얼굴로 이야기를 주고받는 풍경이 정겨웠다. 2024년 7월부터 이곳에서 일하는 한국인 스태프 늘봄은 압살론의 다양한 공간들을 소개해 주었다. "교회였던 공간이라 메인 홀 외에도 층마다 많은 소규모 교육 공간들이 있어요. 뜨개질, 도자기, 체스 등 다양한 모임이 진행되죠. 메인 홀에서는 퀴즈 대회나 탁구 경기, 댄스 파티처럼 큰 공간이 필요한 행사들이 펼쳐져요." 커뮤널 다이닝뿐만 아니라 이곳에서는 매일 다양한 이벤트와 행사들이 끊이지 않았다. 스태프 파티를 위한 단 하루를 빼고, 1년 중 364일 아침 7시부터 밤 12시까지 운영되며 100여 개의 프로그램을 진행한다는 사실이 무척 놀라웠다.

교회 설교대가 놓여 있었을 단상 쪽에는 붉은 휘장이 드리워져 무대가 되고, 장의자가 놓였던 자리에는 8가지 색의 테이블과 200개의 의자가 놓이며 다이닝 공간으로 거듭났다. 늘봄은 이곳의 세련되지 않은 디자인이 의도된 것이라 귀띔해 주었다. "디자인 회사의 경영자가 리모델링한 건물이지만, 아이부터 노인까지 모두가 부담 없이 머물 수 있는 데 초점을 두고 디자인했어요."

이렇게 늘봄과 함께 공간을 둘러보는 동안에도 바쁜 업무를 보던 스태프들이 저마다 환대의 인사를 담뿍 건네주었다. "창업자인 레나드와 모든 직원들이 함께하는 회의에서의 일이었어요. 어느 날 누군가 화장실을 묻는 문의가 너무 많으니 표시를 달아두자고 제안했죠. 그러자 그가 이렇게 답해요. '찾기 불편해야 묻게 되고, 물어야

요가, 그림, 워크숍, 파티 등 다양한 프로그램으로 채워진 압살론의 일정표.

연결의 기회가 늘어난다'고요." 이렇듯 압살론은 연결의 정신을 소중하게 여기는 사람들의 세심한 노력으로 운영되는 공간이었다.

코펜하겐을 떠나기 전 다시 한번 방문했을 때도 압살론은 다양한 사람들로 가득했다. 아기를 데리고 온 엄마, 초등학생들을 인솔해 온 선생님, 힙스터처럼 보이는 청년과 연세 지긋하신 어르신들까지 편안한 얼굴로 저마다의 시간을 보낸다. "저기 보이는 모자 쓴 아저씨는 거의 매일 와요. 저 할아버지는 댄스 파티부터 해리포터 퀴즈 대회까지 빠지지 않고 참여하시죠. 이렇게 남녀노소 어울릴 수 있는 이유는 서로를 존중하는 공동체 문화 때문인 것 같아요. 이곳에서 오래 일한 이스라엘 친구 노암은 자주 오는 손님들과 허물없이 지내요. 심지어 일하지 않는 날에도 올 정도로 압살론을 애정하는 친구죠. 이곳에서 단단한 연결이 지속될 수 있는 이유는 공간이나 기획 때문이 아니라 환대의 마음으로 서로를 연결하기 위해 노력하는 사람들 때문이라고 생각해요."

그 말 속에 압살론의 정수가 담긴 듯했다. 사람을 사람으로 맞이하고, 존재로 연결하는 일은 마음과 공간을 열어줄 때 비로소 가능한 일이기 때문이다. 여행 중 사람의 온기가 그립다면 압살론을 찾아가 환대의 식탁에 깃들어 보자. 뜻밖의 만남과 우연한 발견이 시작되는 제3의 장소가 새로운 연결의 문을 열어줄 터이니.

✚ 압살론 absaloncph.dk

낯선 이들을 만나는 기쁨, 카날후셋

조식을 먹기 위해 들어선 카날후셋 호텔 다이닝 룸에 재미있는 안내가 붙어 있었다. '수요일 아침에는 수영과 노래를! 아침 8시 하버바스에서 만나요.' 하버바스는 호텔 안에 설치된 수영장이 아니라 걸음으로 10여 분 이상 떨어진 바다에 면한 공공수영장이다. 그날은 바람이 제법 부는 쌀쌀한 날씨였던 터라 오늘처럼 추운 날에도 진행하느냐 물었더니 호텔 매니저 라이나가 웃으며 답했다. "하버바스엔 사우나가 설치되어 있어 추우면 몸을 덥힐 수 있으니 염려하지

• • •
코펜하겐의 공공수영장 하버바스에서 수영과 휴식을 즐기는 사람들.

마세요." 호텔에 수영장을 만드는 대신 지역의 공공수영장으로 여행자들을 이끄는 호텔, 닫힌 공간의 러닝머신 대신 코펜하겐 운하를 달리는 러닝 크루가 되어 보라고 제안하는 호텔, 그곳이 바로 카날후셋이다.

18세기 해군사관학교 기숙사였던 오래된 건물을 리모델링해 2020년 호텔로 오픈한 이곳은 연결의 플랫폼을 지향한다. 호텔은 일반적으로 여행자를 위한 공간이지만 카날후셋은 지구와 지역, 여행과 시민을 연결하고 코펜하겐의 일상을 공유하는 호텔이다. 이곳에서는 매일 아침 8시와 오후 5시에 요가 수업이, 오후 4시에는 뜨개질 모임이 열린다. 저녁 7시에는 누구나 참여 가능한 커뮤널 다이닝이 펼쳐진다. 호텔에 투숙 중인 여행자는 물론 지역의 이웃들 누구나 사전 신청을 통해 참여할 수 있다. 물가가 높은 덴마크의 호텔이지만, 원칙적으로 200크로나(약 4만 원)가 넘지 않는 식사비를 산정하고 있다. 호텔에서는 정기 다이닝뿐만 아니라 추수감사절, 크리스마스, 새해 등의 시기에 맞춰 누군가와 함께하고 싶은 이들을 위한 환대와 연결의 식탁을 만든다. 낯선 사람들이 함께 식탁에 앉아 인사를 나누고 삶을 나누는 공간, 그것이 창업자인 레나드와 수 부부가 꿈꾼 새로운 호텔이었기 때문이다.

여행에서 돌아와 관련 자료를 찾던 중 레나드의 인터뷰에서 이런 이야기를 발견했다. "세상의 많은 것이 잘못 되었다고 느낄 때 무언가 변화를 만들기 위한 행동을 하기란 쉬운 일이 아니다. 하지만 우리가 속한 작은 세상에서는 대부분 무언가를 할 수 있다. 그리고 그 세상에 참여하지 않으면 세상이 왜 이렇게 변하는지 알 수 없을 뿐만 아니라 결코 변화를 만들 수도 없다." 기후위기라는 거대한 문제 앞에서 우리의 실천이 작고 미미한 것처럼 보이는 길 잃기의 순간에 다다를 때마다 그의 말이 문득문득 떠오를 듯하다. 우리는 모두 자신이 속한 작은 세상에 살지만, 동시에 큰 세상의 변화를 위해 한 걸음 내딛고 있음을.

➕ 카날후셋 kanalhusetcph.com

머무는 여행자, 왕꽃

어느 곳에도 소속되어 있지 않은, 여행자로서의 왕꽃을 처음 만난 건 라오스의 작은 마을이었다. 그는 한 달 가까운 시간을 작은 유기농 농장에서만 머무르며 멈춤의 시간을 보내고 있었다. 여행 전 10여 년간 몸담았던 비영리 단체에 모든 삶의 진액을 다 쏟아내고 껍데기 같은 몸으로 라오스에 도착한 상태였다. 온 에너지를 쏟았던 일을 떠나 새로운 삶의 시작점으로 이곳을 선택했던 것이다. 국제활동가로 살아오며 수많은 장소들과 관계 맺었을 터인데 굳이 라오스를 택한 이유가 궁금했다. "먼저 뿌리 내리고 활동 중인 다른 국제활동가들이 라오스의 속도에 몸을 맞춰 보라며 초대했어요. 이곳에서 지내며 가장 크게 깨달은 건 한곳에 깊이 머물러야 보이는 것들이 있다는 사실이었죠." 깊이 머물기 위해 왕꽃은 현지어를 배웠다고 한다. 의사소통을 위해 대부분의 여행자들이 해외에서 영어를 사용했지만, 현지어를 배우고 나서야 문화와 생각의 깊이를 더욱 체감할 수 있었단다.

그는 라오스에서 오롯이 자신에게만 집중하는 시간을 보낸 뒤 한국으로 돌아와 광주 최초 제로웨이스트 숍인 한걸음가게를 시작했다. 이곳에서 종이팩으로 분류되지 않고 버려지던 우유팩을 여러 카페와 협업해 수거하는 '카페라테 클럽' 활동을 펼치면서 제로웨이스트와 자원순환운동의 새로운 거점으로 주목받았다. 예상치 못한 큰 관심과 함께 전국 곳곳의 사람들이 찾아오기 시작하면서 왕꽃은 다시 엑셀레이터를 밟는 일상에 돌입했고, 다시 머무는 여행이 필요함을 느꼈다.

"장기 여행을 떠나는 건 쉽지 않은 일이지만 삶의 호흡을 가다듬기 위해 머무는 여행을 선택했어요. 물론 늘 비용이 문제죠. 그래서 워크어웨이, 헬프엑스, 우프, 하우스시팅 같은 약간의 노동력을 제공하면 집과 공간을 내어주는 플랫폼들을 이용했어요. 호주에서 집 관리와 반려동물을 부탁했던 호스트는 자신의 차까지 내주었고 덕분에 저는 편히 한 달을 머물다 왔죠. 이런 인연으로 저에게 다시 집을 부탁하고 싶다는 호스트의 연락을 받고서 2년 전 또 한달 살기를 한 적도 있어요."

여행으로 치유의 시간을 보낸 그는 청년지원사업을 통해 한걸음가게와 더불어 자원순환 플랫폼을 시작했다. 이곳에는 고쳐 쓰고 다시 쓰는 수리권을 회복하기 위한 수리카페와 지역에서 구하기 쉽지 않은 각종 비건 식재료 및 제로웨이스트 물품 등이 있다. 또한 환경 관련 워크숍과 만남도 수시로 열린다. 누군가 광주에 여행을 간다면, 전일빌딩과 아시아 문화의 전당을 둘러본 뒤 시장에서 먹을 것을 담아 충장로의 한걸음가게로 향하는 여행을 권해 주고 싶다.

아이와 함께
지구에 머물기

한 아이의 엄마로 또 마을 활동가로 살아가는 유라 씨의 카톡 프로필 메시지에는 이런 문장이 쓰여 있었다. '타인의 불행 위에 나의 행복을 쌓지 않는 삶.' 이런 마음을 품고 살아가는 유라 씨는 기후 위기 시대에 아이와 함께 어떤 여행을 해야 할지 오랫동안 고민했다. 아이를 핑계로 동물원이나 아쿠아리움에 가서 갇힌 동물들을 구경하고 싶지 않았기에 동물권을 생각할 수 있는 동화책을 읽으며 대화를 나눴다. 자연스레 아이는 동물원에 갇힌 코끼리를 구경하고 싶지 않다 말할 정도로 성숙한 생각을 지니게 되었다. 그러나 아이가 자랄수록 해결해야 할 과제는 더 크고 무거워졌다.

일상에서 플라스틱 봉투를 받지 않고, 다회용기를 쓰는 등 탄소 절감을 위해 노력하지만 비행기 여행 한 번으로 그런 노력이 헛수고가 되는 것 같아 쉽게 여행을 떠날 수 없었다. "아이들은 지구와 깊이 교감하는 열린 존재들이죠. 아무 데나 누워 하늘을 바라보고, 주저앉아 개미를 관찰하고, 비를 맞으러 뛰어나가고, 온종일 땅을 파고, 길 고양이와 대화를 하잖아요. 이런 소중한 어린 시절에 지구와 자연의 아름다움을 만나는 여행을 포기하는 건 너무 가혹한 일이었어요. 그래서 아이와 함께 되도록 지구에 무해한 여행을 해 보자 결심했어요."

지구를 돌보는 여행을 고민하고 유라 씨와 딸 채아가 처음 한 여행은 제주에서 3주 동안 머무는 여행이었다. 여름방학 제주살이를 위해 몇 달 전부터 계획하고 아이와 함께 여객선에 몸을 싣던 날들의 설렘이 잊히지 않는다고 했다. 제주에 머무는 동안 유라 씨와 채아는 아쿠아리움 대신 남방큰돌고래가 지나가는 대정읍 바닷길에 앉아 자주 돌고래를 기다리곤 했단다. "남방큰돌고래가 나온다는 도로변에 차를 세우고 하염없이 바다를 바라보던 어느 날, 거짓말처럼 돌고래들이 나타났어요. 그 순간 아이가 환호하며 돌고래 소리를 내기 시작했고 돌고래는 마치 알아듣기라도 한 것처럼 바다 위를 뛰어올랐죠. 아, 이런 순간을 마주하기 위해 온 것이구나 싶어 눈물이 왈칵 쏟아졌어요." 비자림로 확장 공사로 인해 무참히 훼손된 생명들에 아파하며 아이와 함께 나무를 안아주는 시간을 갖기도 했다. 숲을 파괴하는 자연체험테마파크 건설을 반대하며 곶자왈을 지키는 프로그램에도 참여했다. 이렇게 자연을 지키고 돌보는 여행이 더 깊고 아름다운 여행이 될 수 있음을 알아가는 시간이었다.

기후위기와 여행을 고민하며 가장 먼저 변한 것이 무엇이냐는 물음에 유라 씨는 망설임 없이 답했다. "여행 가방이요. 예전에는 지퍼백에 소분된 아이 짐과 온갖 일회용품, 레토르트 음식이 가득했어요. 하지만 제로웨이스트 여행 가방을 꾸리며 비닐이나 일회용품들을 덜어내고 대신 다회용품을 채웠죠. 손수건, 대나무 칫솔, 고체치약, 샴푸바, 도시락 통, 수저와 함께 쓰레기 줍기를 위한 집게까지 챙겼어요. 가방은 무거워졌지만 지구에 해로운 쓰레기는 한결 줄어들었죠."

제주에서의 경험을 시작으로 유라 씨 가족은 덜 자주 여행하되 더 깊이 머무는 여행을 하게 됐다. 특히 필리핀 남부 섬의 까미권에 머물렀던 기억은 가족 모두에게 보석처럼 남아 있다. 까미권의 작은 마을에 집을 얻고 채아와 동네 아이들이 친구가 되는 것을 바라보던 시간, 처음으로 바다 속 살아 있는 바다거북의 유영을 보고 동그래지던 아이의 눈, 스노클링을 하며 열심히 쓰레기를 건져 올리던 아이의 작은 손, 재래시장에 갈 때마다 인사해 주던 동네사람들을 잊을 수 없다.

"작은 동네라 한국 사람은 거의 오지 않는 곳이었어요. 한 주 정도 지나니 마을 사람들이 우리 가족을 알아보고 가는 곳마다 환대해 주셨어요. 그야말로 로컬에 스며드는 여행이었죠." 그렇게 천천히 현지 사람들의 호흡과 속도로 지구 한편, 작은 마을에 깊고 오래 머문 기억은 아이에게 따뜻한 물결처럼 안온하고 아름다운 기억으로 스며들었다. 외갓집에서 보낸 여름 방학 마냥 지구 곳곳에 그렇게 기억의 장소가 깃든 여행의 지도를 그려가다 보면 아이는 어느새 환대의 원형을 기억하는 사람으로 자라나지 않을까. 여행에서 돌아온 삶의 자리에서도 우리 곁에 깃든 사람과 생명 들을 보다 따뜻하게 맞이하고 돌볼 줄 아는 사람이 되리라 믿는다.

머무는 여행을 위한 새로운 플랫폼

머무는 여행을 싫어할 사람이 있을까? 덜 자주 떠나고 더 깊이 머물고, 더 천천히 여행하고 싶은 우리에게 부족한 것은 바로 돈과 시간이다. 그러나 만약 누군가 머물 공간을 내어주고, 제철 재료로 마음껏 요리할 수 있는 주방과 정원을 열어준다면 어떨까? 돈이 아닌 것들로 서로의 공간과 삶과 일을 나누어 가는 '환대'와 '교환'의 여행으로 안내한다.

✚ 워크어웨이 workaway.info

워크어웨이는 2002년 시작되어 세계 170개 이상의 국가에서 5만 명 이상의 여행 호스트가 참여하는 플랫폼이다. 공동체, 생태건축, 퍼머컬쳐, 교육, 돌봄같은 다채로운 키워드에 따라 다양한 영역의 호스트가 현지인들의 삶과 문화를 경험하길 원하는 여행자들을 맞이한다. 덴마크 생태공동체 스반홀름에서 살아 보기, 노르웨이의 피오르 해안에서 진행되는 기후위기 프로젝트 참가하기 등 다양한 활동이 가능하다.

✚ 우프 wwoof.net

'땅을 소유하지 않은 농부, 세상을 가꾸는 여행자', 우프 코리아 홈페이지의 소개 문장이다. 우프는 World Wide Opportunities on Organic Farms의 약자로 1971년 영국에서 시작된 이래 현재 150여 개의 국가가 등록되어 있다. 친환경적인 삶을 추구하는 세계 곳곳의 농장에 머물며 하루 반나절 정도 일손을 돕고 숙식을 제공받을 수 있다. 비화폐 교환 방식의 여행으로 생태적 삶을 경험하고 싶은 여행자들에게 추천한다.

✚ 헬프엑스 helpx.net

헬프엑스는 호스트가 여행자에게 숙소와 식사를 제공하고, 여행자는 일손을 도와주는 형태의 플랫폼으로 농장, 호스텔, 개인 가정 등에서 일하는 방식이다. 2001년에 시작되어 주로 유럽과 호주에서 활발하게 진행되고 있다. 다양한 경험을 쌓으면서 현지인과의 깊은 만남과 교류가 가능하다.

✛ 트러스티드 하우스시터 trustedhousesitters.com
영국에서 시작된 서비스로 숙박비 대신 반려동물을 돌봐주거나 정원을 관리해 주는 등 집안일을 맞교환할 수 있는 플랫폼이다. 플랫폼을 클릭하는 순간 지구 반대편 누군가의 반려동물과 식물을 만나는 새로운 여행이 시작된다.

✛ 카우치서핑 couchsurfing.com
헬프엑스나 워크어웨이와 달리 카우치서핑은 일손이나 노동력 등의 대가를 요구하지 않고 호스트가 소파나 침대를 내어주는 환대의 플랫폼이다. 2004년에 설립되어 지금까지 활발하게 지속되고 있으며 여행자와의 문화 교류를 가장 중요한 가치로 여긴다. 다만 호스트에 따라 숙소의 질과 안전성 등이 다른 점을 주의해야 한다. ◉

7장

숨과 삶을 지키는
네이처 포지티브 여행

01.

자연 생태가 무너지면
여행도 없다

전 세계에서
사라지고 있는 빙하

지구가열화로 인한 놀라운 현상은 세계 곳곳에서 나타난다. 2019년 6월 13일 썰매 개들이 푸른 물결 위를 달리는 사진 한 장이 세계를 놀라게 했다. 개들이 썰매를 끌며 달리던 장소는 바로 북극, 하얀 눈과 얼음으로 뒤덮여 있어야 할 그린란드였기 때문이다. 촬영 하루 전인 6월 12일 그린란드의 기온이 영상 17℃까지 치솟으며 빙하 20톤 가량이 녹아내렸고 그린란드가 물로 뒤덮이며 썰매 개들은 눈 대신 물 위를 달려야 했던 것이다.[1] 그러나 이것은 그저 한 번의 기이한 현상이 아니었다.

미국해양대기청의 '2022 북극 보고서 카드'에 의하면 그린란드 빙상 표면은 같은 해 여름철 최고 온도 35℃를 기록하면서 7월 말에 45%의 빙상 표면이 녹아내렸다. 눈 덮인 들판이 절반 이상 사라져버렸고, 9월까지도 36%의 표면이 녹아내리는 현상이 발생했다.[2] 국제빙하기후이니셔티브ICCI는 2022년 11월 '빙하권 상태 2022' 에서 여름 북극 해빙을 볼 수 있는 시간이 얼마 남지 않았다고 경고했다. 탄소중립을 이루지 못하고 지금 속도로 빙하가 녹는다면 2050년 이전 빙하가 소멸할 수 있다고 예측한 것이다. 그러나 사라지는 것은 단지 빙하만이 아니다.

그린란드의 이누이트족 활동가 실라는 이누이트족이 누려야 할 인권으로 '추울 수 있는 권리'를 주장한다. 이는 "경제, 사회, 문화, 건강권을 해치는 기후변화로부터 보호될 권리, 북극의 야생생물이 의존하고 있는 추위, 얼음, 동토를 지킬 수 있는 권리"를 의미한다.[3] 빙하가 사라진다는 건 그곳에 깃든 모든 생명과 삶이 소멸하는 일이기 때문이다.

관광개발을 위해 파괴되는 자연

2023년 '지구생태용량 초과의 날Earthe Overshoot Day'은 8월 2일이었다. 글로벌생태발자국네트워크GFN에 의해 시작된 이 날은 1년간 지구의 생태용량과 인간의 소비용량을 측정해 '지구가 한 해 만들어 낼 수 있는 자원보다 인간의 소비가 앞지르는 날'을 측정하고 알린다. 2023년의 경우, 8월 2일 이후로 우리가 사용한 모든 에너지는 이미 지구가 허용한 1년 치 용량을 초과한 상태라는 뜻이다.[4] 지금처럼 지구를 파괴하는 제국적 삶의 양식을 바꾸지 않는다면 생태용량 초과의 날 도래는 점점 빨라지고, 이는 단순한 경고를 넘어 파괴적인 결과로 나타날 것이다. 탈성장 연구자 제이슨 히켈에 의하면 1900년대 앞의 반세기 동안 전 세계에서 배출한 탄소량은 20억 톤에서 50억 톤으로 2배 이상 증가했다. 1945년 이후로는 탄소배출량이 5배 증가해 2000년까지 250억 톤, 2019년엔 무려 370억 톤에 달했다. 더 많이 성장할수록 세계 경제는 더 많은 에너지를 필요로 했다.[5]

지구상에는 빙하기 공룡의 멸종을 포함 다섯 번의 대멸종이 존재했다. 그리고 지금 과학자들은 여섯 번째 대멸종이 오고 있음을 경고한다.[6] 숲과나눔 재단의 풀씨행동연구소는 1970년부터 2018년까지 전 세계 생물 개체군의 69%가 사라진 이유를 산림, 습지, 갯벌 등의 서식지 파괴 때문이라고 밝힌다. 지금 이 순간도 1분마다 축구장 36개 면적의 숲이 사라지며 생물 종이 서식할 자연이 소멸되고 있다. 도시화, 관광지화 등 인간의 개발 행위로 인해 서식지가 파괴되어 그 결과로 15분마다 하나의 생물 종이 사라지고 있는 것이다. 풀씨행동연구소는 1990년부터 2020년 사이 우리나라 742km²(여의도 면적의 256배)의 산림이 사라졌다고 경고한다. 1970년 이후 세계 야생동물 개체 수는 3분의 2로 급감했다.[7] 자본주의 개발은 전 세계 곳곳에서 야생동물의 서식지를 파괴했고 그로 인해 기후위기, 식량부족, 팬데믹 등 상상을 뛰어넘는 심각한 결과를 초래하고 있다.

기후위기와 생물다양성의 위기는 동전의 양면처럼 존재한다. 전자를 해결하지 않고 후자의 문제를 해결하는 일은 불가능하기 때문이다. 우리의 숲, 바다, 습지, 초원, 토양은 매년 인간이 배출하는 대기 중 탄소를 50% 이상 흡수하고 있다. 파리 협정을 충족하기 위해 사용되는 국가들의 탄소중립 계획과 기후모델 예산의 핵심은 지금의 자연이 그대로 유지된다는 전제에 기초해 있다. 각고의 노력 속에 2050년까지 각국에서 넷제로를 100% 달성한다 하더라도 자연의 몫이었던 절반의 온실가스는 누군가 해결할 수도 책임질 수도 없는 과제로 남게 된다. 이제 멸종은 북극곰이나 꿀벌의 이야기가 아니라 인류가 맞닥뜨린 사태인 것이다.

생태적 한계를 지키는 자연자원총량제

2022년 12월 유엔생물다양성협약 당사국총회에서는 2030년까지 전 세계 육지와 바다의 30%를 보호구역으로 지정한다는 목표에 대해 196개국이 합의했고 이를 위해 자연자원총량제를 채택하기로 협의했다. 이는 개발과정에서 훼손된 만큼 자연을 보호하기 위한 정책이다. 따라서 개발 계획 시 가장 먼저 자연을 보전하기 위한 정략적 목표를 설정해야 하며, 엄격하게 보호구역을 보존해야 한다. 부득이하게 자연을 개발하는 경우 그 영향을 평가하고 대체 복원해야 한다.[8]

미국에서는 자연자원총량제에서 한걸음 더 나아가 습지총량제를 만들었다. 습지를 훼손한 양만큼 대체 습지를 조성하여 기존의 면적을 유지하도록 제도화한 것이다. 한국에서는 오직 제주도가 '환경

자원총량제'를 추진하여 2025년부터 시행할 예정이지만, 동시에 자연을 훼손하는 제2공항 건설이라는 모순적 태도를 보인다. 제주처럼 관광 의존도가 높은 지역에서 관광과 개발에 대한 적절한 관리가 없다면 어떤 제도의 도입도 결국 그린워싱이 될 뿐이다.

자연은 인간이 배출하는 탄소배출량의 절반 이상을 흡수한다. 지금의 기후위기가 우리의 일상에서 비롯된 것이라면 해법 역시 우리의 일상에서 시작되어야 한다. 그러나 탄소배출을 줄이기 위한 노력이 결실을 맺기 위해서는 자연에서 감당하는 50%의 탄소 흡수가 전제되어야만 한다. 우리의 여행이 멸종을 가속화하고 있다면 관광의 총량 또한 탄소배출량을 기준으로 관리되어야 하지 않을까?

자연을 회복시키는 여행

세계자연기금은 '2024 지구생명보고서LPR'를 발간하며, 지난 50년 동안(1970~2020년) 전 세계 야생동물 개체군의 규모가 평균 73% 감소한 재앙적 상황임을 경고한다. 무엇보다 인류가 지구에 가장 큰 위협이 될 수 있는 티핑 포인트에 가까워졌음을 경고한 것이다. 따라서 기후위기와 생물다양성 손실이라는 이중 위기를 극복하기 위해 향후 5년간 전 세계적인 노력이 시급하다고 호소한다.[9]

세계여행관광협회는 세계 경제 중 자연에 대한 의존도가 가장 높은 6개 분야 중 하나가 여행이라고 밝혔다. 우리의 여행은 무려 80% 이상 자연에 의존한다는 것이다. 2023년 유엔세계관광기구는 기후위기를 막고 생물 종 다양성을 보호하기 위해 자원의 총량에 한계를 둘 것을 제안했다. 또 만약 훼손되었다면 회복과 복구를 위해 노력하는 네이처 포지티브Nature Positive 개념이 여행에 적용되어야 한다고 주창했다. 네이처 포지티브 여행은 우리가 머문 지역의 숲과 마을, 숨과 삶이 지켜지는 여행을 의미한다. 서식지와 야생동물의 보호에 직접적으로 기여하며 우리의 여행을 통해 지구의 더 많은 자연이 다시 야생화하는 것이다.[10]

자연자원총량제에 의하면 관광을 위한 개발의 범주 역시 인간이 사용가능한 자원의 총량을 넘어설 수 없는 상한선을 가지고 있다. 하지만 여행이 과연 이러한 파괴를 막고 지역의 환경을 지속적으로 보전하고 관리하는 데 도움이 될 수 있을까? 이 질문에 영국의 책임여행사 리스폰서블 트래블은 '그렇다'고 확언한다. "자연을 파괴하는 가장 큰 이유는 자연과 토지를 통해 경제적 가치를 획득하기 위함이죠. 관광은 유일하게 그것을 보호함으로써 경제적 가치를 창출할 수 있는 대안입니다." 물론 그것은 에코라는 이름만 붙은 그린워싱 관광이 아니라 탄소중립을 향해 나아가는 지속가능하고 공정한 책임여행을 전제로 한다. 리스폰서블 트래블은 적극적으로 자연을 보호하고 재야생화하기 위해 모든 여행 상품을 야생동물과 서식지에 해를 끼치지 않는 여행으로 운영 중이다.

네이처 포지티브 여행을 위한 안내

1. 여행지로 국립공원, 자연 보호구역, 바다, 산 등 다양한 자연을 경험할 수 있는 장소를 선택한다.
2. 여행 중 쓰레기를 버리지 않고, 자연을 훼손하지 않으며 생태계를 존중한다.
3. 대중교통, 자전거, 도보 등으로 이동하여 환경에 미치는 영향을 최소화한다.
4. 방문하는 지역의 문화와 전통을 존중하고, 지역 주민들과의 상호작용을 통해 더 깊은 경험을 나눈다.
5. 하이킹, 캠핑, 자전거 타기, 생태 투어 등 자연을 직접 체험할 수 있는 활동을 계획한다.
6. 자연 속에서 활동하기 위해 자신의 건강 상태를 고려하고 필요한 안전 장비를 준비한다.
7. 여행 시기의 기후와 계절을 고려하여 적절한 옷과 장비를 준비한다.
8. 여행 지역의 식물과 동물, 생태계에 대해 배우고 마주하는 여행을 한다.

라플란드의
숨과 삶을 지키는 사람들

사미족과 순록이
공존하는 땅

　매해 2월이면 베를린에는 국제관광박람회가 열린다. 세계 18만 명에 달하는 사람들이 방문하는 이곳에는 수백여 개의 컨퍼런스와 함께 투 두 어워드TO DO Award를 시상한다. 독일관광개발연구회에서 제정한 이 상은 여행을 통해 지역을 지키고 세상을 바꾸는 사람들에게 수여하는 상이다.

　2023년 투 두 어워드 수상을 위해 베를린에 막 도착한 누티 사미 시다Nutti Sami Siida 수상자들과 저녁 식사를 함께했다. 실내에 들어서 들어선 그들이 두터운 외투를 벗자 사미족 장인들이 만든 아름다운 은장 브로치가 반짝였다. 한겨울 걷어 올린 얇은 셔츠를 보고 놀란 표정을 감추지 못하니 "우린 라플란드 사람들이잖아요" 하며 살며시 웃는다. 누티 사미 시다는 라플란드에서 사미족의 전통과 지역의 생태를 지키며 여행자들을 안내하는 관광회사이다. 라프족(사미족을 가리키는 또 하나의 표현) 사람들의 땅이라는 뜻을 지닌 라플란드는 스웨덴, 핀란드, 노르웨이, 러시아 등 4개 나라를 관통하는 거대한 툰드라 지역을 일컫는 말이다. 툰드라의 눈 덮인 설원에서 순록을 키우며 반 유목민의 삶을 살아가는 사미족 인구는 전 세계 약 3만 명, 그중 1만 명 정도가 스웨덴에 산다. 누티 사미 시다 사람들 역시 스웨덴에서 온 터였지만 자신들을 '라플란드 사람'이라고 소개했다.

누티 사미 시다의 대표 닐스는 1996년 공동체에 기반한 여행을 시작해 30년 동안 순록을 키우는 사미족의 삶을 지켜온 목동이자 공동체의 리더였다. "우리의 삶은 순록과 함께하는 여정입니다. 지구 온도가 높아지면서 순록과 사미족들이 대가를 지불하고 있죠. 툰드라 초원이 70% 이상 사라지면서 순록을 데리고 이동할 목초지도 없어지고 있습니다. 순록이 사라지면 사미족도 함께 사라지죠. 생태계의 종 다양성이 무너지면 인간 역시 사라지게 된다는 것을 사미족을 통해 알 수 있습니다." 사미족과 순록을 지키기 위한 여행사가 설립되면서 이들의 특별한 삶과 자연을 경험하려는 여행자들이 전 세계에서 라플란드를 찾고 있다.

현재 순록을 방목하며 사미족의 삶을 지키는 유목민은 전체 사미족의 10% 남짓, 그야말로 멸종위기 종이 되어가고 있었다. 젊은이들은 도시로 떠났고 한번 떠난 사람들은 쉽게 돌아오지 못했다. 투 두 어워드 수상을 위해 함께 온 리라는 스웨덴 공립학교에서 교육을 받고 도시의 삶을 경험한 청년이었다. 공립학교 교육을 받은 사미족 청

지역의 전통과 생태를 지키는 공정여행사, 누티 사미 시다의 대표.

년들은 영어, 스웨덴어, 사미족 언어를 유창하게 구사한다. 그것은 사미족 청년들이 조상의 땅을 떠나 도시로 나아가는 길이 되어 주었다. 리라 역시 사미족 마을에서 자랐지만 자신의 삶을 찾아 도시로 떠났었다. 그러나 사미족의 문화와 전통을 지키기 위해 다시 돌아왔다. 공동체가 와해 되어가고 청년들이 새로운 삶의 양식과 일자리를 찾아 도시로 이탈하는 공동체의 위기 속에서 사미족의 전통과 삶을 지키는 기둥이 되어 준 것은 다름 아닌 여행이었다. 리라는 "세계 여행자들이 라플란드를 찾아주면서 이곳의 전통과 문화를 더욱 사랑하게 되었어요"라며 환하게 웃었다. 그러나 사미족의 삶을 위협하는 것은 기후위기만이 아니었다.

연대하는 여행자들의 힘

스웨덴은 기후위기, 사회안전망, 성평등, 노동권 등 대안적 사회 정책들을 잘 시행하는 곳으로 알려져 있다. 그러나 스웨덴 정부가 추구해 온 하이브리드 제품 생산 공장과 석탄 없는 대체에너지 발전소 등이 위치한 장소가 바로 사미족의 거주지인 라플란드임을 아는 사람은 많지 않다. 그러한 대체에너지 개발과 철광석 채취를 위해 라플란드 땅이 잠식되어 가고, 사미족이 주거지를 잃고 있다는 사실은 더욱 알려지지 않았다.

스웨덴 정부가 영국계 회사인 베오울프 광산에 노천 철광석 채취 허가를 내어주면서 파괴는 더욱 가속화되었다. 51개 부족들이 살아가는 툰트라 초원은 철광석과 자재를 실어 나르는 거대한 고속도로가 되어버렸다. 베어울프는 하루에 2만 6천 톤, 에펠탑 6개를 지을 수 있는 분량의 철광석을 불과 도심에서 2~3km 떨어진 곳에서 채굴했다. 이런 엄청난 개발이 이루어지는 과정에서 사미족에게 의견과 동의를 구하는 이는 없었다. 사미족 사람들은 집회와 시위를 하면서도 순록을 돌보는 일상을 지속해야 했다. 그러나 누구도 이 싸움을 포기하지 않았다.

2020년 12월, 유엔인종차별철폐위원회의 조사관은 마침내 스웨덴 정부의 일방적 결정을 명백한 인종차별이라고 결론지었다. 그레타 툰베리 역시 2022년 3월, 사미족과 순록의 삶을 파괴하고 지구온난화를 가속화하는 광산개발을 맹렬히 비난하며 지지를 표명했다. 리라는 멀리서도 사미족의 목소리에 귀 기울이고, 연대와 지지를 보내 준 여행자들에게 마음 깊이 고마움을 전했다. 오로라를 바라보며 풍경의 신성을 경험한 사람들, 순록과 함께 머무는 겨울 숲에서 삶의 원형을 발견했던 사람들, 자연을 지키며 살아가는 사미족의 삶의 방식에서 다른 삶의 가치를 발견했던 사람들이 세계 도처에서 연대하며 끝까지 함께해 주었던 것이다.

모두 자신의 자리로 돌아가는 시간, 닐스는 모두에게 마지막 인사를 건넸다. "라플란드를 떠나지 않기 위해 우리가 머무는 땅에 사람들을 초대한 여행이 우리를 여기까지 데려다 주었네요. 여러분들 덕분에 라플란드와 삶을 지킬 수 있었습니다. 라플란드를 생각할 때 순록과 오로라만이 아니라 그곳을 지켜온 사미족도 함께 기억해 주세요. 툰드라와 사미족의 삶을 지키는 여행이 지속되기를, 여러분 모두를 라플란드에서 만나기를 기대합니다." 사미족의 이야기를 들은 사람들의 마음 한편에 라플란드를 향한 불빛이 반짝였을 순간이다. 서로 지구 반대편 삶의 자리로 돌아왔으나, 그린란드의 소식에 가슴이 아픈 이유는 그곳에 깃든 사람들의 이야기를 떠올리기 때문이다. 멀리 있으나 우리의 삶은 연결되어 있기에.

✛ 누티 사미 시다 www.nutti.se

기후여행자를 위한 가이드

기후여행은 탄소배출 감소를 목표로 하는 지구를 위한 공정여행이다. 이를 위해서는 가장 먼저 여행의 빈도와 거리를 줄이고 속도를 늦추어야 한다. 이동을 위해 가능한 저탄소 교통수단을 선택하고 제로웨이스트 여행을 하며, 비건 지향의 기후미식을 실천하는 여행, 우리가 머문 곳의 자연을 회복하고 재생하는 여행, 비인간 생명을 존중하는 여행이다. 또한 여행 중 사용한 돈이 지역경제에 도움이 되고 사회적으로 누구도 배제되지 않는 모두를 위한 여행을 뜻한다.

1. 덜 자주, 더 오래 여행하자

아시아와 유럽을 오가는 장거리 비행 한 번이면 1년 치 권장 탄소배출량인 2.5톤을 훌쩍 초과하는 4톤의 탄소를 배출하게 된다. 기후위기를 막고 싶다면 여행을 줄여야 한다. 만약 장거리 여행, 특히 항공여행을 선택했다면 충분히 오래 머무는 여행을 하자. 현지에서 친환경적인 일상으로의 전환을 통해 탄소배출량을 줄여 보자.

2. 더 깊고, 더 느리게 여행하자

도착한 곳에서의 일상 역시 탄소배출에 많은 영향을 준다. 며칠 안에 한 도시를 정복하듯 돌아다니는 여행이 아니라, 한곳을 깊이 있게 천천히 보는 여행을 계획하자. 걷기 시작하면 세계는 더욱 넓어진다. 골목과 일상으로 들어서면 새로운 아름다움을 만날 수 있을 것이다.

3. 친환경적인 이동수단을 선택하자

화석연료를 사용하는 교통수단보다는 대중교통 및 친환경 교통수단을 이용해 탄소배출이 적은 여행을 계획해 보자. 장거리 항공여행은 신중하게 결정하고 단거리 항공은 가능하면 피하자. 어쩔 수 없이 이용하는 경우 도착지에서 대중교통, 자전거, 도보 등으로 탄소발자국을 줄이자.

4. 채식, 비건 지향의 식사를 하자

우리가 여행할 때 탄소배출을 줄일 수 있는 중요한 요소는 교통수단 다음으로 음식이다. 전 세계 대중교통이 배출하는 탄소배출량이 10%라면 햄버거와 스테이크를 위한 축산업이 배출해 내는 탄소배출량은 50%를 차지한다. 미슐랭은 2022년부터 그린미슐랭 평가를 시작했다. 친환경 로컬 재료를 사용하고, 채식 중심 요리를 하며, 비건 옵션을 갖춘 식당에 그린미슐랭을 부여한다. 여행을 통해 기후미식을 접해 보자.

5. 로컬푸드를 통해 땅과 농업, 지역을 지키자

로커보어는 "내가 사는/머무는 지역의 음식만 먹는다"라고 선언하며 로컬푸드를 선택하는 사람들을 일컫는다. 로컬푸드를 선택하는 일은 지역 농부를 지원하는 일이며 농지의 훼손과 전용을 막는 일이다. 여행을 통해 농부와 땅을 지켜 나가자.

6. 저탄소 숙소를 선택하자

호텔은 도시에서 병원 다음으로 탄소배출이 높은 건물이다. 관광산업에서 항공기가 50%의 탄소배출을 차지한다면 호텔은 20%를 차지한다. 특히 대형 호텔들은 작은 호텔에 비해 5배 이상의 에너지를 소모한다. 가능하다면 대규모 호텔보다 지역 혹은 소규모 숙소를 선택하고 지속가능성 인증 여부와 제로웨이스트 정책을 확인하자. 전통 건축 양식과 문화를 보전하는 건물, 신축보다는 재생건축을 한 숙소를 이용해 보자.

7. 제로웨이스트 여행을 하자

제로웨이스트 여행은 사전 준비 없이는 불가능하다. 여행 전 텀블러나 용기 등을 준비하지 않는다면 여행 중 매일 플라스틱 병에 든 음료수를 사서 마시고 일회용기에 담긴 음식을 먹게 된다. 플라스틱 발자국 없는 여행을 선택하고 싶다면 미리 제로웨이스트 여행 가방을 준비하자.

8. 지역의 문화와 삶의 양식을 지키자

생태계에 종 다양성이 필요한 것처럼 인간에게도 종 다양성이 필요하다. 그러나 보호와 지원이란 이름으로 소수 부족의 몸과 문화가 상품화되고, 전통이란 이름으로 그들의 인권이 유린되는 체험은 피해야 한다. 여행을 떠나 로컬의 문화를 체험하고 싶다면 그곳의 자립과 자존, 문화를 지키는 여행을 선택하자.

9. 비인간 생명, 동물권을 존중하자

수족관, 동물원, 사파리 등은 동물을 가두고 훈련하여 전시하는 방식으로 운영된다. 수족관의 돌고래 폐사율이 50%가 넘는다는 데이터에서 알 수 있듯이 그것은 동물 학대를 용인하는 일이다. 동물의 삶이 존중될 수 있도록 동물을 조련하는 관광 상품을 피하고 현지 정부와 기관에 중단을 요청하자.

10. 자연을 복원하는 여행을 하자

여행은 절대적으로 자연에 의존하는 활동이다. 하지만 여행산업은 아름다운 풍경을 위해 바다를 오염시키고, 숲을 파괴하고, 산호초를 죽음에 이르게 한다. 우리가 만나는 여행의 풍경은 그곳의 자연과 연결되어 있다. 여행을 통해 우리가 머문 곳의 생물다양성이 지켜질 수 있도록 자연을 회복시키는 여행을 선택하자. 📍

미주

사진 출처

1장 여행할 수 없는 시대의 여행

1 홀리 터펜, 배지혜 옮김, 『지속가능한 여행을 하고 있습니다』, 한즈미디어, 2021.

2 관광 분야의 기후 행동에 관한 글래스고 선언(The Glasgow Declaration on Climate Action in Tourism).

3 이매진피스, 임영신, 이혜영, 『희망을 여행하라』(개정판), 소나무, 2018.

4 녹색전환연구소, 『1.5℃라이프스타일 가이드북』, 2024. ; [PDF파일] : https://drive.google.com/file/d/1PS9a0yRvgWyM4eIzNaPP6Ydko0ARBm30/view?usp=drive_link

5 이 푸 투안, 윤영호, 김미선 옮김, 『공간과 장소』, 사이, 2020.

6 파스칼 메르시어, 전은경 옮김, 『리스본행 야간열차』, 들녘, 2014.

7 데이브 부클리스, 문세원 옮김, 『나의 지구를 부탁해』, 앵커출판미디어, 2021.

8 남주원, 「스위스 빙하가 '축구장 14개 크기' 담요 덮고 있는 이유」, 《뉴스펭귄》, 2021.09.01.

9 박은하, 「히말라야 빙하 빠르게 녹는다…세계인구 4분의 1 위험」, 《경향신문》, 2023.06.20.

10 오영훈, 「네팔, 에베레스트 등반 인원 제한한다」, 《조선일보》, 2024.06.17.

11 이도연, 「기록적 폭염에 그리스서 관광객 사망·실종 속출」, 《연합뉴스》, 2024.06.18.

12 이한, 「기후위기에 말라가는 지구 "유럽 크기 땅 건조해져"」, 《뉴스펭귄》, 2024.12.10.

13 이상현, 「기록적으로 최저면적을 보인 남극 해빙..」, 《제주환경일보》, 2024.03.18.

14 황덕현, 「6월 세계 기온 16.66도, 또 최고…해수면 온도 사상 최고치」, 《뉴스1》, 2024.07.08.

15 홍아름, 「올해 기록상 가장 더운 해…일시적으로 1.5도 한계 도달」, 《조선일보》, 2024.11.11.

16 이오성, 김다은, 「2022 대한민국 기후위기 보고서를 공개합니다」, 《시사IN》 747호, 2022.01.10.

17 장주영, 「글로벌 여행플랫폼이 밝힌 2024 여행업계 이끌 트렌드 3」, 《매일경제》,

2023.10.26.

18 https://www.oneplanetnetwork.org/value-chains/transforming-tour-ism

19 홀리 터펜, 앞의 책.

20 https://www.flightaware.com/live/

21 [2024년 옥스팜 연구보고서], 『불평등 주식회사』; [PDF파일] : https://www.oxfam.or.kr/shop_view/?idx=166

22 그레타 툰베리 외, 이순희 옮김, 『기후 책』, 김영사, 2023.

23 윤원섭, 「2027년부터 국제선 '지속가능항공유(SAF)' 1% 혼합 의무화… "항공업계 탈탄소화 목표"」, 《그리니엄》, 2024.09.02.

24 시셰퍼드코리아, 「'그린'도, '보트'도 아닌 환경재단의 '그린보트'에 대하여」, 《오마이뉴스》, 2024.12.10.

25 조용우, 「결코 '그린(green)'하지 않은 환경재단의 '그린보트'」, 《시사매거진》, 2024.12.27.

26 주영재, 「환경 지키는 크루즈여행 가능할까」, 《주간경향》 1512호, 2023.01.30.

27 한국문화관광연구원, 「좌담회-탄소중립과 관광산업」, 《한국관광정책》 No.84, 2021. pp.50-65.

28 녹색전환 연구소, 앞의 책.

29 안희자, 『2050 탄소중립에 대응한 관광산업 정책 방향』, 한국문화관광연구원, 2021. p.135.

30 김연지, 「글로벌 호텔체인들, 기후목표 공언하면서 뒤로는 반기후소송 제기」, 《ESG경제》, 2024.09.27.

31 www.unwto.org

32 김보미, 「2050년 바다, 물고기 < 플라스틱」, 《경향신문》, 2017.06.29.

33 사스키아 사센, 박슬라 옮김, 『축출 자본주의』, 글항아리, 2016.

34 그레타 툰베리 외, 앞의 책.

2장 여행, 멈출 수 없다면 바꿔야 한다

1 김정수, 「'지구온난화' CO $_2$ 농도 관측사상 최대폭 상승」, 《한겨레》, 2024.06.07.

2 박태주 외, 『정의로운 전환을 위한 노동조합의 대응』, 한국노동연구원, 2023.

3 조효제,『침묵의 범죄 에코사이드』, 창비, 2022.

4 [2023년 옥스팜 연구보고서],『기후평등 : 99%를 위한 지구』; [PDF파일] : https://www.oxfam.or.kr/research/?idx=169

5 제이슨 히켈, 김현우, 민정희 옮김,『적을수록 풍요롭다』, 창비, 2021.

6 조효제,『탄소 사회의 종말』, 21세기북스, 2020.

7 그레타 툰베리 외, 앞의 책.

8 홀리 터펜, 앞의 책.

9 울리히 브란트, 마르쿠스 비센, 이신철 옮김,『제국적 생활양식을 넘어서』, 에코리브르, 2020.

10 Juan Bordera,「How the corporate interests and political elites watered down the world's most important climate report」,《MR online》, 2022.04.27.

11 임병선,「"얼마나 더 증명해야" 기후연구 파업하고 시위하는 과학자들」,《뉴스펭귄》, 2022.08.29.

12 손가영,「IPCC 기후보고서에서 '자본주의 비판은 어떻게 삭제되는가?」,《비마이너》, 2024.05.14.

13 [2024년 옥스팜 연구보고서], 앞의 글.

14 [2020년 옥스팜 연구 보고서],『탄소 불평등에 직면하다』; [PDF파일] : https://www.oxfam.or.kr/research/?idx=187

15 곽노필,「하늘길 '탄소 불평등'…1% 슈퍼여행객이 50% 배출」,《한겨레》, 2024.06.29.

16 손가영,「북유럽 과학자, 부자들 전용 비행기에 '피'를 뿌리다」,《비마이너》, 2024.04.30.

17 기민도,「남은 탄소예산 5천억톤뿐…이대로면 10년 안에 동난다」,《한겨레》, 2023.03.21.

18 그레타 툰베리 외, 앞의 책, p.309.

19 김정수,「이대로 가다간…2030년 한국 '1인당 CO2 배출량' 주요국중 1위 될지도」,《한겨레》, 2021.05.10.

20 제이슨 히켈, 앞의 책.

21 이세원,「"한국 소비패턴, 지구 4개 필요"…생태부담 세계평균의 2.3배」,《연합뉴스》, 2023.02.19.

22 한상용,「49개 지자체 전기차 보조금 발표…울릉군 최대 1천750만원」,《연합뉴스》, 2024.02.22.

23 LS ELECTRIC, 「전기차 시대를 이끄는 코발트와 리튬, 아프리카 자원 전쟁의 중심」, LS ELECTRIC 공식 블로그, 2024.10.21. ; https://blog.naver.com/ls-electric/223627557087

24 이송희일, 『기후위기 시대에 춤을 추어라』, 삼인, 2024.

25 국제엠네스티, 「정의로운 전환과 기업의 인권실사 책무」 ; https://amnesty.or.kr/campaign/energytransition/

26 울리히 브란트, 마르쿠스 비센, 앞의 책.

27 이송희일, 앞의 책.

28 낸시 프레이저, 장석준 옮김, 『좌파의 길』, 서해문집, 2023.

29 그레타 툰베리 외, 앞의 책.

30 https://www.takethejump.org

31 https://15lifestyle.or.kr/

32 이도연, 「"기후변화 막으려면 여행도 제한해야"…'탄소 여권' 해답될까」, 《연합뉴스》, 2023.11.28.

33 코어스픽, 「지구온난화를 늦추자! 지구 환경을 위한 탄소 여권」, 코어스픽 공식 블로그, 2023.11.30. ; https://blog.naver.com/englishdrs/223278760833

34 최병국, 「"불과 100개 기업이 30년간 세계 온실가스 배출 71% 책임"」, 《연합뉴스》, 2017.07.11.

35 견재수, 「'기후악당' 포스코, 10년 전 탄소배출 감축 공염불…'그린 워싱' 우려」, 《KJ times》, 2021.10.27.

36 녹색전환연구소, 앞의 책.

37 한국관광공사 런던지사, 「영국의 'Net Zero[탄소중립]' 선언과 관광산업의 노력」, 2023.12.28.

38 한국문화관광연구원, 앞의 글.

39 Doughnut Economics Action Lab, 충남사회혁신센터 옮김, 「암스테르담시티 도넛_전환 행동을 위한 도구」, 2021.11. ; [PDF 파일]] : https://drive.google.com/file/d/1a9cd6kd_xiJ4NSXrMCIhmLE43Y5_dham/view

40 글래스고 관광선언(Glasgow Declaration). ; https://www.oneplanetnetwork.org/programmes/sustainable-tourism/glasgow-declaration

41 Intrepid travel, 『Integrated annual report 2022』 ; [PDF 파일] : https://reports.intrepidtravel.com/Intrepid-Integrated-Annual-Report-2022.pdf

3장 기후위기와 오버투어리즘

1 Kantar, 「Sustainability Sector Index」, 2023.

2 부킹닷컴, 『지속가능 관광 연구 보고서』, 2021. ; [PDF 파일] : https://news.booking.com/download/1037578/booking.comsustainabletravelreport2021.pdf

3 이수진, 「오버투어리즘과 사회적 딜레마」, 《이슈&진단》 제383호, 경기연구원, 2019.08. pp.1-26.

4 맹소윤, 「내년부터 방문시 1만원씩 내야해 난리난 세계적 여행지」, 《매일경제》, 2022.05.05.

5 BBC, 「베네치아 홍수: 이탈리아가 홍수로 국가비상사태를 선포했다」, 《BBC NEWS 코리아》, 2019.11.05.

6 임영신, 신주희, 「인구 확 줄어든 베니스... 무슨 일이?」, 《오마이뉴스》, 2017.07.02.

7 이문숙, 「올해 여행 피해야 할 세계 관광지 10곳은?」, 《초이스경제》, 2023.02.04.

8 정의길, 「베네치아, 당일치기 관광객에 '입장료 5유로' 부과」, 《한겨레》, 2024.07.14.

9 BBC, 「에어비앤비가 없는 세상은 어떤 모습일까?」, 《BBC NEWS 코리아》, 2024.07.06.

10 『Barcelona tourism activity report 2022』 ; [PDF 파일] : https://www.observatoriturisme.barcelona/en/barcelona-tourism-activity-report-2022-0

11 심진용, 「바르셀로나 주민들은 왜? 관광버스 타이어 펑크냈나」, 《경향신문》, 2017.08.02.

12 『Barcelona Tourism for 2020』 ; [PDF 파일] : https://ajuntament.barcelona.cat/turisme/sites/default/files/barcelona_tourism_for_2020.pdf

13 『Managing Tourism in Barcelona』, 2019. ; [PDF 파일] : https://responsibletourismpartnership.org/wp-content/uploads/2019/11/Managing-tourism-in-Barcelona.pdf

14 http://responsibletourismpartnership.org/overtourism/

15 진광선, 「관광아이콘 '구엘공원', 지역주민 공간으로 새 단장(스페인 바르셀로나市)」, 《세계도시동향》 제419호, 서울연구원, 2017.11.21.

16 『Barcelona tourism activity report 2022』, 이전 파일.

17 https://ajuntament.barcelona.cat/premsa/wp-content/uploads/2020/11/201111-DOSSIER-Superilla-Barcelona-EN.pdf

18 박정수, 「슈퍼블록 적용확대로 주거환경·대기질 개선(스페인 바르셀로나市)」, 《세계도시동향》 제460호, 서울연구원, 2019.07.18.

19 박공식, 「바르셀로나 슈퍼블록, 도시공간구성 새 방향성 제시」, 《지방정부tvU》, 2022.04.19

20 Degroth and Research, Degrowing mass tourism, 2023.02.23. ; https://www.facebook.com/profile/100071108142708/search?q=TOURISM

21 강지원, 「[2023 클리오 광고제 수상작] Denmark의 'The Copenhagen Bench」, 이화시즘 공식 블로그, 2024.02.08. ; https://blog.naver.com/ewha-cism/223346520719

22 Wonderful Copenhagen, 『Tourism for Good』 ; [PDF 파일] : www.wonderfulcopenhagen.com/sites/wonderfulcopenhagen.com/files/2019-05/tourismforgood.pdf

23 LS ELECTRIC, 「탄소중립을 위한 유럽의 친환경 도시 현황」, LS ELECTRIC 공식 블로그, 2023.08.17. ; https://blog.naver.com/ls-electric/223186210078

24 『Co-create Copenhagen』 ; [PDF 파일] : https://kk.sites.itera.dk/apps/kk_pub2/index.asp?mode=detalje&id=1534

25 맥사라, 「친환경·삶의 질 균형 맞춘 코펜하겐 명건축 '코펜힐'…덴마크의 지혜」, 《SDG뉴스》, 2021.07.07.

26 LS ELECTRIC, 앞의 글.

27 송주용, 「"인어공주 대신 덴마크인을 만나라"…'관광의 종말' 선언한 코펜하겐」, 《한국일보》, 2023.08.31.

4장 1.5℃ 기후여행을 위한 실천

1 Stefan Gössling, Ya-Yen Sun, 「New research: Calculating the carbon emissions of holidays」, responsible travel ; https://www.responsible-travel.com/copy/carbon-emissions-of-holidays

2 아즈마 히로키, 『약한 연결』, 북노마드, 2016.

3 「A Manifesto for the Future of Tourism」, responsible travel ; https://www.responsibletravel.com/copy/manifesto-aviation

4 이윤구, 「사과·배추에서 커피까지…'기후플레이션' 시대」, 《연합뉴스》, 2024.10. 27.

5 Justine Fransis, 「A tax cut on domestic flights is plane mad –here's what we need instead」, 《Independent》, 2023.04.07.

6 Justine Fransis, 이전 기사.

7 이두형, 「프랑스 헌법 1조 개정…'환경 문제' 적극대응」, 《EBS뉴스》, 2021. 04.21.

8 허경주, 「프랑스 하원 기후법 통과… "기차로 2시간30분 거리 항공기 못 띄운 다"」, 《한국일보》, 2021.05.05.

9 이두형, 이전 기사.

10 박병수, 「프 "기차로 2시간 반 이내 거리는 항공 금지"… 탄소배출량 77배」, 《한 겨레》, 2023.05.25.

11 2006년 스탠퍼드대 출신 창업자 3명이 만든 비영리기업 비랩(B-Lab)에서 시작된 것으로, 여기서 'B'는 베네핏(benefit)을 가리킨다. 베네핏은 그동안 수익과 이윤(profit) 위주의 기업과 달리 사회에 미치는 간접적 부분까지 포함한 총체적 혜택(benefit)을 말한다. 즉 비콥 인증은 프로핏에만 몰두하지 않고 베네핏에 충실한 기업, 회사를 둘러싼 환경과 사회를 두루 고려하는 기업이라는 증표 역할을 하여, 사회적이고 친환경적 기업이라는 브랜드 이미지를 키워준다.

12 김정현, 「지속가능한 여행과 가까워지는 방법 3 ver.2」, 《얼루어 코리아》, 2024.01.05.

13 손고은, 「1박 이상 국내여행에서 이용한 숙박 시설 1위는 '가족·친지집'」, 《트래비》, 2024.12.26.

14 녹색전환연구소, 앞의 책.

15 녹색전환연구소, 1.5℃계산기-자주 묻는 질문. ; https://15lifestyle.or.kr/pages/774

16 김태홍, 「"기후악당 제주드림타워 성토대회..제주도 전기 과소비 건물 1위 제주드림타워"」, 《제주환경일보》, 2022.12.13.

17 제주 MBC, 〈창사 50주년 특집 시사진단 1부-관광의 역습, 오버투어리즘〉, 《시사진단》, 2018.11.06.

18 이매진피스, 임영신, 이혜영, 앞의 책.

19 정철환, 「'폭염 유럽' 곳곳서 "정원 물 주기·세차하면 벌금"」, 《조선일보》, 2024. 01.08.

20 정기환, 「서울시, '한강 아트피어' 조성…코펜하겐 명소 '부유식 수영장', 한강에

생긴다」,《디스커버리뉴스》, 2023.03.22.

21 Hugh Morris, 「The world's most prolific Airbnb owner has 881 properties in London and earns £11.9m a year」,《telegraph》, 2017.11.10.

22 Gary Barker, 「The Airbnb Effect On Housing And Rent」,《Forbes》, 2021.12.10.

23 Riccardo Valente et al., 「Short-term rentals and long-term residence in Amsterdam and Barcelona: A comparative outlook」,《Cities》 vol. 136, 2023.05.

24 김보경, 「에어비앤비 때문에 뉴욕 집세 오른다…주택 불법등록 문제도」,《연합뉴스》, 2018.02.01.

25 BBC, 이전 기사.

26 김서현, 「에어비앤비에 칼 빼든 뉴욕시, 강경책 세운 이유는?」,《메트로신문》, 2023.10.24.

27 연유진, 「에어비앤비(Airbnb)가 '관광 난민'을 만든다는데?」,《서울경제》, 2018. 07.24.

28 https://fairbnb.coop/manifesto/

29 이정재, 「'에어비앤비' 대신 '페어비앤비 협동조합' 어때?」,《이로운넷》, 2020.05.08.

30 임은주, 「초심 잃은 공유경제…가치보다 이윤추구 '우버·에어비앤비' 등」,《데일리팝》, 2019.06.11.

31 임소정, 「관광객이 주민 내쫓는 투어리피케이션? 지역사회 돕는 숙박공유 나왔다」,《경향신문》, 2019.11.14.

32 소셜투어의 공동창업자인 찰리 맥그리거는 스테이를 통한 만남과 변화를 넘어 보다 본격적인 사회변화와 혁신을 위해 NGO 무브먼트 온 더 그라운드(Movement On The Ground)를 설립했다. 공간을 통해 사회변화를 꿈꾸었던 스타트업 사업가답게 그는 기후난민, 전쟁 난민 등 머물 곳을 잃어버린 사람들에게 임시 숙소를 지원한다. 또 매해 소셜임팩트 컨퍼런스를 열어 사회적 문제를 해결하는 아이디어가 실현될 수 있도록 돕는다.

33 신선미, 「작년 1인당 육류소비량 60kg로 쌀 넘어…'최애'는 돼지고기」,《연합뉴스》, 2024.03.02.

34 린다 뉴베리, 송은주 옮김, 『크루얼티 프리』, 사계절, 2022.

35 송형국,〈우리집 식탁이 기후 위협?…'육식의 역습'〉,《KBS 뉴스》, 2021.02.28.

36 이의철, 『기후미식』, 위즈덤하우스, 2022.

37 ISSUE-CLIMATE GOURMET, 《1.5℃》 Nº4, 2022.10.

38 Maëlle Gérard, 김경아 옮김, 「"비행기 안 돼요", "폭염·폭우 싫어요"…기후 위기가 바꾼 해외여행」, 《피렌체의 식탁》, 2023.09.17.

39 린다 뉴베리, 앞의 책.

40 한국에너지기술연구원, 「뿡~ 지구의 온도를 올리는 소리 | 육류소비와 탄소배출」, 《세모시》, 2023.03.07.

41 Wonderful Copenhagen, 앞의 책.

42 김은아, 「음식물 쓰레기가 아니라 버려진 음식물입니다」, 《1.5℃》 Nº4, 2022.10.

43 홍두영(코펜하겐무역관), 「덴마크의 녹색농업」, KOTRA 해외시장뉴스, 2023.05.04.

44 안상욱, 「덴마크 유가공업체 알라, 친환경 포장재 도입해 탄소배출량 연 173톤 절감」, 《인사이드 덴마크》, 2019.09.04.

45 윤지로, 「생산자와 소비자 선의에 기댄 전략으론 먹거리 탄소중립 달성할 수 없다」, 『나라 경제』 vol. 406, KDI 경제정보센터, 2021.09.

46 유다미, 「탄소중립 우등생 도시의 커리큘럼(2)_베를린」, 《1.5℃》 ; http://105or-less.com/5-8-2/?ckattempt=1

47 최연진, 「유럽은 '비거니즘' 열풍… 베를린엔 비건 거리까지 등장」, 《조선일보》, 2017.02.15.

48 최유리, 「베를린 어린이 45% 이상 채식 위주 식단…독일 육류 소비량 급감」, 《비건뉴스》, 2023.06.08.

49 박홍인, 「토속 식재료로 '나만의 요리'… 아시아만의 '미식 변주곡' 올리다」, 《동아일보》, 2017.05.18.

50 그린피스 서울사무소, 「음식물 쓰레기를 줄이면, 기후위기를 막을 수 있다고?」, 그린피스, 2022.10.17.

5장 지구를 생각하는 제로웨이스트 여행

1 고찬유, 「쓰레기 때문에 폐쇄된 발리 쿠타 해수욕장, 사흘간 18톤 수거」, 《한국일보》, 2019.12.22.

2 이용기, 「[플라스틱바다] 인류가 생산한 플라스틱의 양은 얼마나 될까?」, 환경운동연합, 2019.07.17. ; https://kfem.or.kr/energy/?bmode=view&idx=17907967

3 부시리, 「[파란의 바다소식] 부산에서 개최되는 플라스틱 협약 최종협상, 머뭇거리지 말고 책임을 다하자!」, 해양 시민과학센터 파란, 2024.11.06.
4 그린피스, 「국내 플라스틱 폐기물, 4년 연속 '생수 및 음료류'가 최다 배출원」, 그린피스, 4, 2024.01.24.
5 이매진피스, 임영신, 이혜영, 앞의 책.

7장 숨과 삶을 지키는 네이처 포지티브 여행

1 황보선, 〈"북극 다 녹아요"…개썰매는 개점휴업〉, 《YTN 뉴스》, 2019.09.13.
2 반기성, 〈녹아내리는 북극 빙하…지구 기후 영향은?〉, 《YTN 사이언스》, 2023.03.28.
3 조효제, 앞의 책.
4 양연호, 「올 지구 생태용량 다 썼는데, 왜 우리 기업은 '나 몰라라'」, 《경향신문》, 2023.08.01.
5 제이슨 히켈, 앞의 책.
6 유용하, 「'여섯 번째 대멸종' 앞둔 지구…인류는 살아남을 수 있을까」, 《서울신문》, 2023.11.19.
7 풀씨행동연구소, 『GIS를 통한 한국의 자연손실 평가(1990~2020)』, (재)숲과나눔 풀씨행동연구소 이슈페이퍼 2024-3호, 2024. ; [PDF 파일] : https://koreashe.org/wp-content/uploads/2024/09/자연손실보고서0830_웹용.pdf
8 강한들, 김기범, 「196개국 "2030년까지 지구 30%를 보호구역으로"」, 《경향신문》, 2022.12.20.
9 소선주, 「세계자연기금(WWF) 불과 50년간 야생동물 개체군 73% 급감…'식량 시스템으로 인한 위기' 경고」, 《시민포커스》, 2024.10.11.
10 WTTC, 『Nature Positive Travel & Tourism: Travelling in Harmony with Nature』, 2022.09.06. ; [PDF 파일] : https://wttc.org/initiatives/vision-for-nature-positive-travel-and-tourism

사진 출처

p25 © seulbit Lee

p31 © yongpo moon

p37 © juhee shijn

p51 © juhee shijn

p75 © juhee shijn

p79 © Youngsin

p85 © juhee shijn

p88 © youngsin lim

p96 © youngsin lim

p101 © Thomas Høyrup
Christensen

p123 © byway.travel

p127 © global.flixbus.com

p147 © ecobnb.com

p149 © thesocialhub.co

p155 © Øens Have

p161 © toogoodtogo.com

p169 © seulbit lee

p172 © bettermoon.space

p177 © Siwon Lee

p183 © Siwon Lee

p187 © Siwon Lee

p190 © greenkayak.org

p197 © Neulbom Lee

p201 © viaviajogja.com

p207 © Neulbom Lee

p209 © absaloncph.dk

p211 © Neulbom Lee

p232 © nutti.se

기후여행자
여행 멈출 수 없다면 바꿔야 한다

초판 1쇄 발행 2025년 1월 31일

지은이   임영신
펴낸이   천소희
편집   박수희

펴낸곳   열매하나
등록   2017년 6월 1일 제25100-2017-000043호
주소   전라남도 순천시 원가곡길75 101-303
이메일   yeolmaehana@naver.com
인스타그램   @yeolmaehana

ISBN 979-11-90222-41-9 03330

이 도서는 2024년 문화체육관광부의
'중소출판사 도약부문 제작 지원' 사업의
지원을 받아 제작되었습니다.

 삶을 틔우는 마음 속 환한 열매하나